・松鮨のすしと酒肴

外神田・花ぶさで女性客に好評の「花ぶさ膳」

男の客の宴席用に新たに考案された「千代田膳」

焼海苔で菊正宗を一杯。冬は鴨なんばんがまたうまい。浅草・並木藪蕎麦

①前菜

②煮物と造り

③強肴

④八寸

⑤焼物

⑥強肴

⑦箸休

⑧御飯

以上近江八日市・招福楼の懐石

名古屋・大須の百老亭の餃子ほか

渋谷・長崎のちゃんぽん、皿うどんなど

横浜中華街の徳記のラウメン、炒飯など

昔から人気のある馬肉の桜鍋と馬刺。森下町・みの家

深川の高橋・伊せ喜の「どぜう鍋」に、さらし鯨と鯉のあらい

京都寺町・村上開新堂の紀州蜜柑を使った好事福盧

神田須田町・竹むらの粟ぜんざい。箱中は土産用の揚げまんじゅう

新 潮 文 庫

散 歩 の と き 何か食べたくなって

池波正太郎著

新 潮 社 版

2777

目次

銀座・資生堂パーラー……九
室町・はやし……二三
神田・連雀町……三四
三条木屋町・松鮨……四六
外神田・花ぶさ……五八
藪　二　店……七〇
大阪ところどころ……八〇
京都・寺町通り……九二
横浜あちらこちら……一〇五
近江・招福楼……一一七

渋谷と目黒……………………一二八
京都・南座界隈……………………一三九
銀座界隈……………………一四九
信州ところどころ……………………一六一
浅草の店々……………………一七一
深川の二店……………………一八二
名古屋懐旧……………………一九五
京にある江戸……………………二〇七
フランスへ行ったとき……………………二一八
あとがき……………………二三〇
解説　佐藤隆介
索引

散歩のとき何か食べたくなって

銀座・資生堂パーラー

年齢《とし》をとるにしたがって、懐旧の情が濃くなるという。

このごろ……。

週に何度か、これだけがたのしみで出かけて行く映画の試写を観《み》終《お》えてから、知らず知らず散歩の足が、生まれ育った浅草へ向くのをどうしようもない。

そして、また、去年あたりから、散歩の前後に何か食べたくなったとき、銀座の〔資生堂〕へ行くようになったのは、同じ理由なのかも知れない。

私が〔資生堂〕の洋食を口にしたのは、もう四十年も前のことで、それから約八年ほどの間、この店の味に親しんだのち、銀座も資生堂も私たちも戦争に突入し、洋食どころのさわぎではなくなってしまった。

その戦前の味が、いまも変らずに厳然として存続していることは、戦前の銀座が、いまも尚《なお》、味に残っていることなのだ。

資生堂パーラーのチーフは、四十六年間、このパーラーではたらいている高石鍈之《えいの》

助《すけ》で、戦前の味を、

「数量的に、塩も胡椒《こしょう》も、これだけのものにはこれだけと、厳密に決められていて、意識的に壊さぬようにしているのです」

ということだ。

戦後の三十年間、すべてが目まぐるしく変ったのに、ここの味だけが変らぬ。変らぬままに、戦前の繁栄をも持続している。

これは、まさに、

「持続の美徳」

というものであるまいか。

もっとも私がいう資生堂の味とは、九階建のビルに変貌《へんぼう》したこの店の七・八階をしめている同系のレストラン・ロオジエのことではない。一・三階のパーラーのことだ。ロオジエはフランス料理を本格に出す高級レストランで、黒い前かけもまた本格的なソムリエがいてワインのリストを持って来る。フランス語が読めぬ私は、ほとんどロオジエへは行かかない。

資生堂は、明治五年に洋風民間薬局として銀座に店舗をかまえ、しだいに、後年の化粧品メーカーとしての変身を見せはじめながら、明治三十五年にソーダ・ファウン

坊主刈りの“少年給仕”もなつかしい戦前の資生堂パーラー店内

テンを設け、ソーダ水とアイスクリームを売りはじめた。

これこそ、後のパーラーの前身だった。

少年の私が、はじめて資生堂パーラーへ食べに入ったときは、ネオ・ルネッサンスふうの、中央を吹きぬきにして、二階は回廊のおもむきを見せ、階下正面の大理石のカウンターには、まさにソーダ・ファウンテンのおもかげが残っていた。

このなつかしい建物が、現在の近代ビルディングに改築されてしまったときは、どんなに私どもを嘆かせたことだろう。

戦前の東京の、銀座の……あの、ゆったりとした気分を濃厚にとどめていた旧パーラーの二階で、のんびりと昼飯を食べるたのしさは、何ともいえなかった。

＊

戦前の〔資生堂パーラー〕のイメージは、私にとって、およそ、つぎのような連想を生む。


むろん、銀座の、柳の並木と夜店。

フレッド・アステアとジンジャー・ロジャースの出世ナムバーとなった〔キャリオカ〕のリズム。

紅顔の海軍士官の正装軍服から、ほのかに匂《にお》う香水。

二・二六事件。

ゲーリイ・クウパア。

ベニイ・グッドマン。

岩波文庫。

ホームスパンの洋服。

素顔の新橋芸者。

株式取引所。

服部《はっとり》良一がつくった数々の歌曲。

ジャン・ギャバン。

ジュリアン・デュヴィヴィエ。

南部《なんぶ》圭之助《けいのすけ》編集のワイド版・映画雑誌〔スタア〕。

新吉原《しんよしわら》。

戦場。

戦死。

大河内《おおこうち》伝次郎。

高田稔《みのる》と入江たか子。


旧制小学校を卒業するや、すぐさま、世の中へ出てはたらくようになった私の少年から青年へかかる数年間は、およそ、このような混淆《こんこう》の中に過ぎ去ったのだった。

私は十三歳で、日本橋茅場町《かやばちょう》の現物専門の小さな株式仲買店へ入り、間もなく辞めて、半年後に、これは私の親類が二人も勤めている兜町《かぶとちょう》のすじの通った株式仲買店へ入り、ほとんど出征間際《まぎわ》まで、そこにいた。

この間を通じて、小学生のころからの知り合いの、他の仲買店にいた井上留吉とだけは、もっとも深いつきあいをしたのだが、資生堂パーラーの存在を、先《ま》ず、私に教えてくれたのは、この井上だった。

そのころの井上と私は、まだ小店員で、紺サージの詰襟服《つめえりふく》を身につけ、自転車に乗って株券の名義書き換えのための会社まわりをしたりしていた。浅草育ちの二人は、このときはじめて、丸の内界隈《かいわい》のビル街や銀座通りの景観に接したわけだ。

二人とも月給は五円だったが、そこは戦前の株屋である。店へ来る客の走り使いをしても、先輩の用事をしても、かならずチップが出る。その額たるや、月給の二倍、三倍にもなった。米一升が四十銭のころで、つつましくすれば三十円で家族三人が暮せた時代だ。小僧のぶんざいで、これだけの小遣いは充分すぎる。

「おい、おどろいたよ」

と、井上が、

「昨日、書き換えの途中で、銀座の資生堂へ行った」

「なんだい、そりゃあ……?」

「洋食屋だよ。パーラーってんだ」

「何を食べた」

「おどろいたよ、おい。チキンライスが銀の容器《いれもの》に入って出て来やがった」

井上は、こういって瞠目《どうもく》して見せたものだ。

「よし、今度いっしょに行こう」

「いいとも」

下町に育った私どもは、子供のころ、大人のまね、、をしたいときは、先ず、食べるものからやった。小学生のころから、浅草の牛めしの屋台店（井上とも、ここで知り合

「チッキン・クルケット」70銭のころのメニュー

った）へ入ることから、しだいに昂《こう》じて、十銭二十銭と小遣いをためこみ、上野の松坂屋の食堂でビーフ・ステーキを食べたりして、

（世の中に、こんなうまいものがあったのか！……）

目を白黒させたりしたのだった。

いずれにせよ、私たちの洋食体験は浅草上野界隈にかぎられていた。当時の子供たちは、自分が住む町から、遠く離れなかったものである。

そうした洋食は、もちろん、うまかった。

うまかったが、しかし、はじめて食べた銀座の、資生堂パーラーの洋食のうまさは、もっと別のうまさだった。

私は、井上と共に、先ず食べなれたポークカツをメニューから探したが、何と、これが無いのだ。

「ね、ないだろう。だからおれは、チキンライスにしたんだ」

と、井上。

そこで、少年のボーイをよんで、

「ポークカツある？」

「ございます」

「どこに？」

「ここに……」

と、ボーイが指したメニューの箇所には〔ポーク・カットレッツ〕と印刷してあるではないか。

「へーえ。カツが、カットレッツかい」

「こいつは、たまげたなあ」

と、やり合う井上と私を、ボーイも、傍《そば》の客たちも笑いながらながめている。


こうして、私たちは資生堂となじんでいったわけだが、その洋食の色合よく、清潔に盛りつけられた上品さと、下町の洋食にはない匂いとに、先ず魅せられてしまった。

匂いといえば、銀座の町の匂いが、もう下町とはちがっていた。絶えず大小の戦争に関《かか》わり合いながら、貪欲《どんよく》にヨーロッパとアメリカの文明を吸収し、物資がありあまっていた当時の日本のモダン風俗で銀座は充満していた。

食物から衣類、香料……数え切れぬモダン。そのモダンから発散する匂いが町にただよっている。

そのころは、浅草には浅草、深川には深川、上野には上野と、それぞれの町がそれぞれの匂いをもっていたものだった。

*

明治三十二年に、東京・四谷《よつや》に生まれ、十二歳のときに世の中へ出て、昭和五十年のいま、七十六歳になった資生堂パーラーのチーフで、この業界では第一級のエキスパートである高石鉄之助がいう、

「味は、日本人の舌に合ったものを……そして、盛りつけは、私の料理の根本である日本風の清らかさ……」

を、くずさぬここの料理を食べるとき、たとえば、ビーフ・ステーキを食べながら、別皿のサラダのレタスとトマトを、ステーキの皿にとって、その焼けた肉と生野菜の色彩を合せてたのしみたいほどに、新鮮さ清潔さに念が入っている。

むかしのランチ・タイムには、新橋の芸者たちが買物の帰りに寄りあつまって食事をするので、料理の色彩が、彼女たちの衣裳《いしょう》の色彩に顔負けするほどだった。

「ここへ来りゃあ、芸者遊びをする必要はねえな」

と、井上は、ほざいたものだ。

いまでも、当時は芸者だったらしい老女の姿を、パーラーで見かけることがある。

こうした老女たちが、たとえば、一カ月を毎夕、このパーラーで定食を食べたとし

ても、決して飽きないだろう。

定食のメニューは毎日、変る。これは大変なことだ。チーフ高石の恐るべき蓄積。私の小説も願わくば、かくありたいとおもう。

いうならば、資生堂パーラーの洋食は、全盛期の名手・美空《みそら》ひばりが唄《うた》ったジャズ・ボーカルなのである。

近年は大流行となった、鉄板の上へ肉や魚を乗せて客に食べさせるようなまねは、決してしない。熱い鉄板の上で、食べているうちに肉は焼けすぎてしまう。これは、皿を温める手間をはぶき、落としても割れない鉄板を好む、いやしい商売人の発想なのだ。

いまは、坊主《ぼうず》刈りの少年の給仕はいなくなったが、青年給仕のサーヴィスのよろしさは、むかしとすこしも変らぬ。

味もそうだが、こうしたサーヴィスが持続していることに、私は、まったく、おどろかざるを得ない。

毎月変る四つの特選料理は、かならず試してみるが、つけ合せの温野菜は、それぞれの料理に合せて、みなちがう。これが本当なのだ。

つけ合せといえば、にんじんとポテトにサヤインゲンを、どんな料理にもつけて出すレストランが、いかに多いことか……。

旧パーラーの建物だったころは、チーフが時折、カウンターの内側へ出て来て、それとなく、客が食べている姿を注視していて、小柄だが、その精悍《せいかん》な風貌《ふうぼう》を私は忘れてはいない。

今度、はじめてチーフと語り合ったのだが、客が食べ残したものを、何故残したのか、と、口に入れてみて、徹底的に研究したことも数えきれなかったという。

「あるとき、男女お二人のお客様の、その女性の方が、一口食べただけで、あとは手をつけずに残してしまいましてね。男の方は全部食べたのです。私はもう、気になって気になって……それで、いろいろと調べましたら、このお二人は、そのとき、何か深刻な一身上の話をしていたことがわかりました。それでまあ、ホッとしたのでした」

と、老いて尚《なお》、矍鑠《かくしゃく》たる高石鉄之助は語った。

このごろの私が資生堂パーラーで食事をするとき、かならず想《おも》い出すのは、いま行方不明になっている旧友・井上留吉のことである。

戦前、二人が食べに通ったころのパーラーのメニューは、すべて口にしたが、こころみに、その一部を、当時の原文どおりに記してみようか。

コンソメー・野菜ポタージュ（共に五十銭）

舌平目フライ・バター焼き（共に六十銭）

伊《い》勢《せ》エビのフライ・コールド（共に一円二十銭）

チッキン・クルケット（すなわちチキンコロッケで七十銭）

ハムバーク・ステーク（六十銭）

ホットローストビーフ・オントースト（一円）

そして、われらのチッキンライスが七十銭。

定食が二円と三円だった。

室町・はやし

先日、ある老人が電車の中で若者から席をゆずられたというので、

「冗談じゃない。おれは、まだ六十八なんだぞ」

憤然として、ついに、ゆずられた席へかけなかったというはなしを聞いた。

いやはや、いまの老人は実に気が若い。

私は、五十二歳になる。

その私が今年になってから、地下鉄の中で、可愛《かわい》らしい女子高校生に、

「どうぞ、おかけ下さい」

二度も、席をゆずられてしまった。

どういうわけか私の眉毛《まゆげ》は年々白くなるばかりで、おそらく、あと二年もすれば真白になってしまうにちがいないが、そういうことが私はあまり気にならぬのかして、地下鉄で席をゆずられたときも、「ありがとう」と、素直に礼をのべて、かけさせてもらった。

いまどき、老人をいたわってくれる若い人がいるとおもうと、むしろ、うれしかったほどで、

（いいぞ。これからは、こんなことをしてもらえるようになるのだから……）

たのしんでいるほどなのである。

しかし、折にふれて、自分の老化に気づくというのは、散歩の足を、若いころの自分が身を置いた場所へ運ぶということもそうだし、書庫で調べものをしているうち、むかしの写真アルバムを納めてある棚の前へ屈《かが》みこみ、我知らず時間《とき》をすごしてしまうこともそれなのだ。

そして、十何年前の写真を見つづけながら、その歳月の速さに呆《あき》れ、これから先の十何年の呆気《あっけ》なさに慄然《りつぜん》となる。これが老化でなくして何だろう。

若者たちは、決して過去を振り向かぬというならば、だ。

また、はなしは散歩のことになるのだが……。

たとえば、映画の試写室を出て、日本橋の〔丸善〕で文房具を買ってから〔三越〕の食品売場をのぞいて見ようとおもいたったときなど、近年の私は、日本橋通りを北へ真直《まっすぐ》に行き、高速道路の下に無惨《むざん》な姿を晒《さら》している日本橋をわたり、室町の大通りへ出るコースをとらなくなった。

東急デパート（旧白木屋）の角を右折し、茅場《かやば》町の方へ向かい、昭和通りをわたって一つ目の道をすぎると、ここにもまた高速道路が架かっている。以前の楓《かえで》川が埋め立てられて、高速道路と化したのだ。

そこをすぎて一つ目の道を左折すると、兜《かぶと》町である。ここは申すまでもなく株式街であって、私がここではたらいていたころの建物が、まだ、かなり残っており、株式取引所もむかしのままの姿だ。

戦前は、この町すじへ一歩入ると、何ともいえぬ活気がみなぎってい、あわただしい人びとのうごめきが一種異様な雰囲気《ふんいき》をかもし出していたものだが、日本の株式の様相も一変してしまった現在は、どこにでもあるようなオフィス街となってしまった。

道を尚《なお》もすすむと、取引所の裏手へ出る。このあたりの左側には、むかし、屋台のシューマイ屋が出ていたもので、揚げたての小さなコロッケや、ふかしたてのシューマイを小皿にとったのを、よく食べたものだが、小僧のうちはつつしんだ。なぜなら、私がいた〔松二〕こと松島商店は目と鼻の先にあったからである。

旧松島商店の建物は、クールな近代建築のビルディングに変ってしまったが、むかしはベージュ色の古びた煉瓦《れんが》建築のような三階建であった。私の主人や若主人はすでに亡《な》くなり、この建物は全く松島家とは無縁のものとなっている。

私は、この建物に沿って左折する。脳裡《のうり》を何ものかが掠《かす》めすぎて行く。それが何であるかを深く追おうともせず、高速道路の下を西へぬける。

むかし、私の店の裏をながれる楓川に、兜橋という橋が架かってい、兜町の北面の出入口であった。楓川は、この橋の下をながれ出ると日本橋川に合流する。

ふたたび、私は昭和通りへ出て、江戸橋を北へわたり、日本橋川に沿った旧魚河岸《うおがし》の道を少し行き、室町の裏通りへ出る。

江戸時代から大正十二年の関東大震災があるまで、江戸の……いや東京の魚市場は此処《ここ》にあったのだ。

私が若いころには、その名残り、そのおもかげが通りの両側にあったものだが、いまは何ということもない。

こうして私は、ようやく、室町の裏通りから表通りへ出て、〔三越〕へたどり着くことになる。

これが、むかしの私が、日に何度も歩いた道すじなのだ。

天ぷらの〔はやし〕は、その室町の裏通りに、看板も掲げず、ひっそりと在る。

表口は、ガラスの入っていない一間《けん》の格子《こうし》戸で、その向こうに白い障子が客を店内へみちびこうとしている。

せまい土間の空間を斜めに仕切って、障子の奥行をもたせたのは、この店のあるじの工夫なのだろう。

＊

私が、この店の天ぷらのことを耳にしたのは、いつのことだったか忘れてしまったけれども、その友人は、

「うまいそうだが、店構えを見ると、ちょっと入りにくい。だから、まだ行ってみないんだがね」

と、いった。

私は少年のころから、食べもの屋については、どんなところでも物怖《ものお》じをしないところがある。ともかく、一応は〔はやし〕の所在をたしかめて見て、(ほう……こんなところに、こんな店があったのか)と、おもい、その店構えの恰好《かっこう》からして、たくさんの客を数人の料理人がさばくという店ではないことがわかった……となれば、やはり予約をしないといけないことになる。

そこで日を決めて電話を入れると「お待ちしております」ということだった。入り

室町の裏通りに面した店の外観と，工夫を凝らした玄関の土間

にくいことも何もない。わけもないことなのだ。

当日。映画の試写の帰りに〔はやし〕へ出かけた。

午後ならば、いつでもよいということだったので、午後三時半にしてもらった。この時間なら、他の常客へ迷惑もかかるまいとおもったからだ。

むろん、この日は朝から、ほとんど何も食べなかった。天ぷらを食べるときには空腹でないといけない。

天ぷらは揚げ物である。揚げ物ならば熱いうちに食べなくてはならぬのが自明の理というものだ。せっかくに神経をくばって油の火加減をととのえ、気をつめて揚げてくれた天ぷらを前に、ぐずぐずと酒を酌《く》みかわしていたり、語り合ったりしていたのでは、天ぷらが泣き出して、ぐんにゃりしてしまうし、料理人は気落ちがしてしまう。これまた自明の理である。

店内へ入ると、揚げ台の前のカウンターの白木が清らかに浮きあがって、すでに用意がととのえられていた。

あるじがあらわれ、仕度にかかるうち、先《ま》ず、清酒をたのむ。そこへ、いきなり生《なま》の車海老《くるまえび》が一尾出て来る。これは、まぎれもない今日の材料のうちの〔頭領〕の鮮度を、客の舌にたしかめさせようという自信から出たものだろう。

そのほか、季節によって、胡瓜《きゆうり》と椎茸《しいたけ》の和《あ》え物とか、烏賊《いか》の雲丹《うに》和えとか、蟹味噌《かにみそ》なぞが少量ずつ出る。いずれも手造りのもので、うまい。

そのうちに油加減がよくなり、あるじが揚げはじめ、こちらは、揚げるそばから口へ入れてゆく。

この間に、酒は合せて二本がよいところだろう。私には、それ以上の酒は天ぷらと飯の味を損うことになる。

飯と共に、豆腐を煎《い》りぬいたふりかけが出される。

このふりかけで、飯を四杯も食べた男がいるそうな。

天ぷらを、飯を、

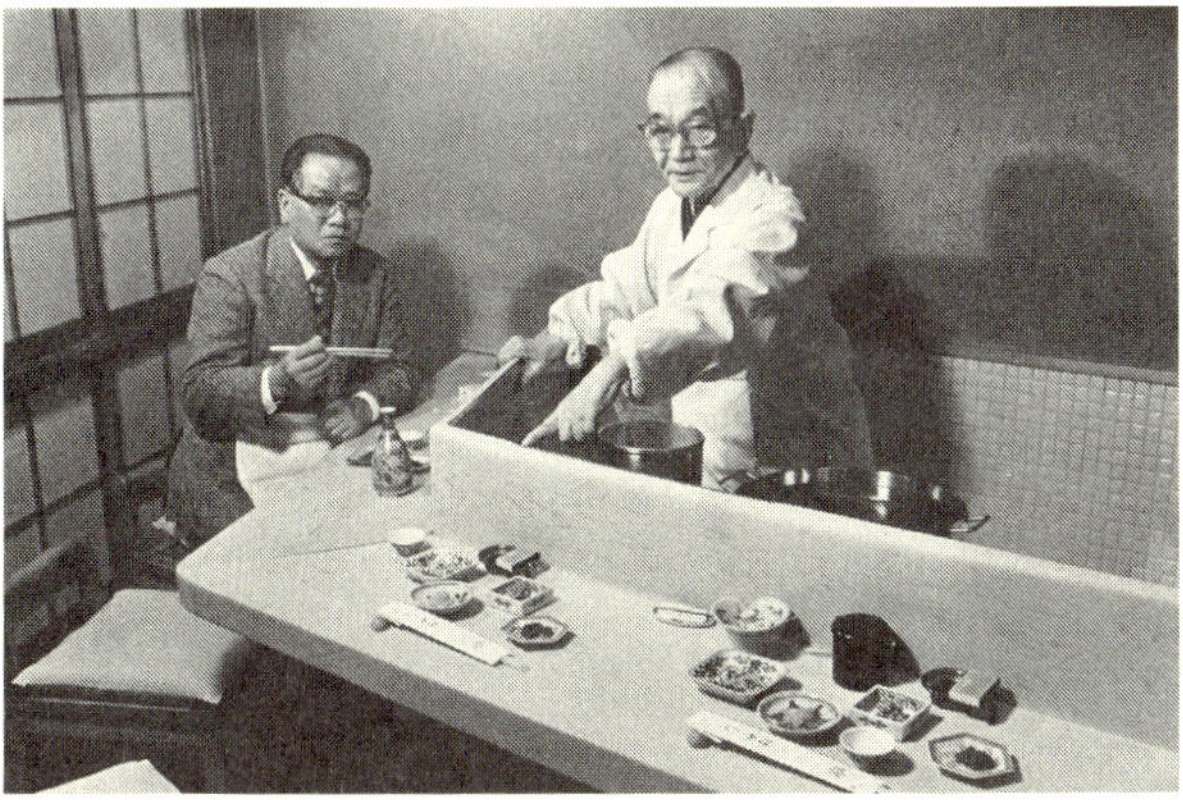

磨きぬかれた「はやし」のカウンターに凭る著者（左）とあるじ

「うまい、うまい」

　と、食べれば食べるほどに、あるじの顔が笑みくずれてゆく。

　終って、カウンターの向こうの瀟洒《しょうしゃ》な待合の席で茶と果物。

　約一時間で、私は外へ出ることになる。

「天ぷら屋には、長ながと腰を落ちつけるものじゃあねえ」

　と、私の亡き祖父は、よくいっていたものだ。

＊

〔はやし〕のあるじ・斎藤済吉の過去を、私はよく知らない。知ろうともおもわない。

　天ぷらを揚げはじめてから四十年になるということと、その間の料理人としての修行が、まったく独自のものであることを感じるだけである。

天ぷらは、いうまでもなく魚介類の揚げ物のことで、徳川家康《いえやす》は鯛《たい》の天ぷらを食べすぎて発病し、ついに病歿《びょうぼつ》してしまったというが、江戸における天ぷらの流行は、文政以後の、末期であったろう。

「天ぷらなぞというものは庶民の食うもので、高い金をはらって口に入れるものではない」

なぞという人もいるが、現在のように、新鮮な魚介が高騰《こうとう》してしまい、揚げる方も食べる方も、揚げたてをうまく食べさせる、食べる、ということになれば相応の入費もかかる。

私が若いころには、屋台の天ぷらもあったが、やはり、うまい天ぷらといえば相応に金もかかった。

「むかし、いちばん手っ取り早い食べ物屋といえば、天ぷらと汁粉屋といわれたもんです。天ぷらは、材料さえあれば、だれでも揚げられますからね」

と、あるじはいう。

ゆえに、値段の上下、味の優劣も千差万別だったといえよう。私も体験からして、そうおもう。

ともかく、戦前は〔はやし〕のように、天ぷら専門の小体《こてい》な店というのはすくなかった。

先ず天ぷらといえば浅草の中清《なかせい》、銀座の天金、新橋の橋善と、私どもはきめこんでいたようだ。

「天ぷらというのは微妙な食べものでして……揚げて三分も経《た》てば色が変るし、当然、味も落ちます。ま、油の温度が百八十度としますと、それを、すぐさまオツユの中に入れ、口に入れるとき何度ぐらいになるということを、私どもは勘の上で、ちゃんと計算をしております」

と、あるじは語る。

この店には、油の匂《にお》いがしない。

よほどに、よい油を、しかも惜しみなく使っているのだろう。

腹いっぱいに食べて帰宅し、四、五時間もすると、また、腹が空《す》いてくるのだ。

いささかも、モタれない。

しかし、胡麻《ごま》の油で、からりと色濃く揚がった東京ふうの天ぷらは、食べてのち、ちょっと消化剤をのんでおく。こういう天ぷらもまた、うまいのである。何事にも片よってはいけない。

あるじのことばを、いますこし、書きのべておこうか。

「……このカウンターは、二十年前に、神田からこの場所へ移って開店したときから、一度も変えていません。料理屋で、白木が汚れているのは嫌なものです。よく、何か塗ったカウンターなり食卓なりを使っておりますが、ずいぶんと汚れているものです。これは尾州《びしゅう》の檜《ひのき》でして、店を閉じてから、息子が磨きます。はあ、息子も、修行を終えまして、どうにか一人前になったようです」

また、

「ここで使っております器は、若いときから、すこしずつ自分であつめました。伊万里《いまり》、九谷、織部《おりべ》……李朝《りちょう》。むかしは安く買えましたしね。それに床ノ間やガラス・ケースへおさまったきりでいたのでは、器が泣きます。いつも使ってやらないとね。ええもう、使ってりゃあ、そりゃ割れます。でも、器は割れるものですから……」

あるじは、若いころから芝居が好きだったそうな。

歌舞伎《かぶき》が好きならば、近松門左衛門《もんざえもん》が好きなのは当然のことで、あるじは近松を好むあまり、その雅号である〔巣林子《そうりんし》〕から取って、店名を〔はやし〕とつけた。

本姓は斎藤だが、それも岐阜の斎藤氏で、かの、一介の油売りから美濃《みの》の国主となった斎藤道三の流だという。

「はあ、やはり、油には縁が深いのでしょうな」

あるじは、去年、喜寿を迎えた。

神田・連雀町《れんじやく》

私が六つか七つのころ、母が、こんな流行歌を唄《うた》っていたものだ。

「肩で風切る学生さんに
ジャズが音頭《おんど》とる
カンダ　カンダ　カンダ……」

そしていまも、私にとって、神田は学生の町、古本屋の町である。

さらに、幼少のころからなじんだ食べものが存在する町でもある。

小学生のころ、十二月になると、私は母から早目のお年玉をもらい、これを持って神田の古本屋へ、正月の学校休みに炬燵《こたつ》の中で読む小説を買いに出かけたものだ。

小学校の五、六年生ともなると、大人が読む小説を見たくてたまらなくなる。少年雑誌に書いている作家が、大人のために書いている小説は、私たちにとって、

「驚異そのもの……」

だった。

そうした私たちを見て、私たちを担任しておられた若いT先生が、

「よし。それなら、オレがいっしょに行って、値切ってやろう」

そういって、わざわざ神田までついて来て、私たちがえらんだ小説本を、いちいち値切ってくれたりしたものだ。

こういう先生が、子供のころの私たちを教育してくれたことは、四十年後の、いまの私たちへ大きな影響を、それぞれにもたらしている。T先生は、生徒の一人一人の個性を、強いて矯《た》めるようなことをしなかった。

さて、こうして……。

私たちの、ささやかな古本漁《あさ》りが終ると、先生は連雀町の汁粉屋〔竹むら〕へ連れて行き、汁粉を食べさせてくれたものだ。

ところで、東京の汁粉屋というものについてだが、私の小説の中で、盗賊改方の若い同心が、足袋屋のむすめを浅草の新堀端《しんぼりばた》にある竜宝寺門前の汁粉屋・松月庵《しょうげつあん》へよび出し、逢引《あいびき》をするシーンがある。ちょっと、引用させてもらおうか。

当時の〔しるこ屋〕というやつ、現代《いま》の〔同伴喫茶〕のようなところもあって、甘味一点張りとおもいのほか、店によっては男の客のために酒も出そうという……

戦前の面影を今に伝える甘味の店「竹むら」昭和初期の創業

松月庵の奥庭に面した小座敷で、早くも同心・木村忠吾《ちゅうご》は、桃の花片のようなお雪のくちびるを丹念に吸いながら、八口《やつくち》から手をさし入れ、固く張ったむすめの乳房をまさぐっている。


などと、書いてある。

汁粉屋というものは、このように、男女の逢引にふさわしい風雅な、しゃれた造りでなくてはならぬ。その風《ふう》が、戦前の東京の汁粉屋には、かなり面影をとどめていたのだ。

浅草の奥山にあった〔松邑《まつむら》〕などは、その代表的なものだったが、昭和の時代となっては、二人きりになれる小座敷もなく、むろん、酒も出さぬ。しかし、若い女の好む甘味につき合う男たちの出入りは絶えなかった。

神田連雀町の〔竹むら〕へ行くと、戦前の東京の、そうした汁粉屋のおもかげが、まだいくらか、名残りをとどめていて、私には、それがうれしく、なつかしい。

椅子《いす》席の他に、入れ込みの座敷があり、ここへ坐《すわ》って、酒後に粟《あわ》ぜんざいを口にするのは、なかなかよい。酒後の甘味は躰《からだ》に毒だというが、酒のみには、この甘味がたまらないのだ。

〔竹むら〕が旧態をとどめているのは、神田連雀町一帯が戦災をまぬがれたからであって、あんこう鍋《なべ》の〔いせ源《げん》〕も、鳥屋の〔ぼたん〕も、蕎麦《そば》の〔藪《やぶ》〕も、むかしのままの店構えだ。

戦前の私は、仲よしの友だちと、これらの店で、よく酒をのみ、それから目と鼻の先の〔竹むら〕へ入って粟ぜんざいを食べた。

先《ま》ず〔藪〕で、みんなと待ち合せる。酒を一、二本というところか。顔がそろうと〔ぼたん〕である。〔寿《す》司長《しちよう》〕である。それから〔竹むら〕というふうに、まるで軒から軒へ食べ歩いた。

しかるのち、竹むらの名代〔揚《あげ》まんじゅう〕をおみやげに包んでもらう。このおみやげを殊勝に家族のものへ持って帰るのかというと、そうではないのだ。

これからあとに、われらの真《しん》の目的があるわけで、揚まんじゅうは白粉《おしろい》の匂《にお》いのする生きものの口へ入ってしまうのである。

いまも〔竹むら〕の粟ぜんざいの、香ばしく蒸しあげた粟となめらかに練りあげた餡《あん》のコンビネーションは依然、私の舌をたのしませてくれる。

それに、この店の女店員のもてなしぶりのよさはどうだ。いかにも、むかしの東京の店へ来たおもいが、行くたびにするのである。

＊

神田の連雀町という町名は、昭和のはじめに消えてしまい、現代《いま》の千代田区・神田須《す》田《だ》町一丁目と淡路町二丁目の間が、むかしの連雀町ということになる。

およそ四百年もむかしに、徳川家康が豊臣秀吉《とよとみひでよし》によって関東へ封ぜられ、草深い海辺の村にすぎなかった江戸の地へ本城をさだめて以来、江戸は急速に発展し、ついには徳川幕府の〔本拠〕となるに至った。

秀吉が歿《ぼっ》し、家康の実力が、ようやく〔天下人《てんがびと》〕としての威風をそなえるようになった慶長年間に、商人たちの品物を背負うための用具である連尺造《れんじゃくつく》りの職人たちが、この土地へあつまっていたところから〔連雀町〕の町名が生まれたのだそうな。

私どもの年配から上の人びとが、旧町名をもって、いまも、この町すじをよんでいるのは、ひとえに、町すじがむかしの東京の匂いをただよわせているからなのだろう。

ま、それほどに、数えきれぬほど足を運んだ連雀町なのだが、同じ町内にある、これも古い店の〔松栄亭《しょうえいてい》〕という洋食屋を、私が知ったのは、つい五、六年前のことだった。

つい先ごろ……というのは、去年〔昭和五十年〕も押しつまってから、久しぶりに、三人連れで松栄亭へ行き、食事をした。三人それぞれに好きなものをとり、それを三等分して食べた。

先ず、野菜サラダを二皿。

ポーク・ソテーが一、串《くし》カツレツが一、この店の名物・洋風かき揚げが一、カレーライスが一、ドライカレーが一、オムライスが一。それに酒を四本のんで、三人とも腹いっぱいになり、勘定がいくらだとおもうだろうか……。

金三千六百四十円である。

「はあ。お客さまがね、おい、おやじ、こんな値段で大丈夫か、なんて心配して下さるんですが、これでも私どもは、幾分かは儲《もう》けさせていただいておりまして、ま、一家が何とか食べて暮していけますし、時には、店の改造もできます。そのかわり、材料は、できるだけむだをはぶき、経費を少なくして、お客さまへ還元するというのが、私の、これは性分なんです。うまくて、しかも安い。そういっていただくのが、実によろこばしいですね。ええ、本望です」

と、堀口信夫は、いっている。

私が生まれ育った浅草の町々にも、松栄亭のような洋食屋が、かならず在って、そうした店の主人には、おもいもかけぬ過去がひそんでいたものである。

　私が〔その男〕という小説で書いた杉虎之助《とらのすけ》なども、その一人であって、幕末の旗本の子息に生まれ、一流の剣客だった彼が、明治から大正へ烈《はげ》しく転変する時代の中で、小さな洋食屋のあるじとして生涯を終えたわけだが……この松栄亭の初代店主・堀口岩吉には、明治中期に東京帝国大学が哲学教授としてドイツから招聘《しょうへい》したフォン・ケーベル博士との深いむすびつきがある。

〔ケーベル博士随筆集〕一巻は、私も戦前の岩波文庫で愛読したものだった。

　初代は、麴町《こうじまち》の有名な西洋料理店〔宝亭〕で仕あげた料理人《クック》だが、ケーベルの専属となってからの或《あ》る日。夏目漱石《そうせき》と幸田延子（露伴の実妹で女流ピアニスト）が予告なしにケーベル邸を来訪したことがある。

「何か、めずらしいものを、すぐにこしらえて出して下さい」

　と、ケーベルにいいつけられた初代は、突然のことで何の用意もなく、仕方もなしに冷蔵庫の中の肉と鶏卵を出し、小麦粉をつなぎにして塩味をつけ、フライにして出したところ、これが大好評だった。

　のちに初代が現在の地で開業をしたとき、これを〔洋風かき揚げ〕としてメニューの中へ加えたについては、そうした由来がある。

　二代目の現当主・堀口信夫と、いずれは三代目になる三男の博も〔洋風かき揚げ〕

のなつかしい旧東京の味をまもりぬいて行くことだろう。

まったく、この一品の味わいは、私のような東京の下町に育った者にとっては、なつかしいの一語につきる。それでいて、いまの若者たちも〔かき揚げ〕にたっぷりとウスターソースをかけて御飯を食べているのだ。

野菜サラダといえば、ポテト・サラダである。これもうれしい。

ロール・キャベツへかけまわしてある熱いソースにも、あるじの入念な仕事が、たちどころに看《み》てとれる。

あるじは、

「近所に、おいしい店もあることですし……」

といって、コーヒーを出さない。

この一語には、あるじの料理と客へ対する考え方が実によくあらわれている深い意味がひそんでいるようにおもわれる。

単に、出された料理を食べるというだけではない。この店の風格を愛して四十年も食べつづけている客がいるそうな。

そうした客たちは、料理のみならず、この店の、

「雰囲気をこわすまい」

として、懸命なのである。

松栄亭の、うれしい店構えを、あるじも自分勝手に、

「変えることができないんです」

という。

あるじは、築地《つきじ》工手学校を出て、どこかの会社の技師だったものが、会社が倒産した折に、父の業をつぐ決心をしたということだ。

今度、久しぶりに出かけてみると、奥の調理場の一部がカウンターに改造され、三人分の席が設けられていて、店内も小ぎれいになった。

近くの〔藪蕎麦〕で出す酒と同じ桜正宗《まさむね》で食べるにふさわしい洋食なのである。

外へ出ると、師走《しわす》の夜風が、さすがに冷めたかった。

二人の友人たちは、

「何から何まで……」

「完全に、満足しました」

と、いった。

今度、松栄亭へ来たとき、私は、ポテト・サラダをみやげに買って帰ろうとおもっている。

そして、夜ふけの腹ごしらえをするとき、やや厚めに切った食パンの中へ、これをたっぷりとはさみこんで食べながら、ビールの小びんを一本のむつもりだ。

私たちは、また〔竹むら〕や〔ぼたん〕がある通りへ出た。

「ちょっと、待って……」

と、私は友人たちにいい、〔寿司長〕の店先から、ガラス戸ごしに、中をのぞいて見た。

老夫婦が寄り添うようにして出前の鮨《すし》をこしらえている姿を、よそながら見たかったのだが、あいにく店の中に人影はなかった。

この店などは、むかし、大晦日《おおみそか》の夜に高張提灯《たかはりぢようちん》をかかげ、明け方まで商売をしていたものである。

実は、数年前の大晦日に、それこそ三十何年ぶりで、この鮨屋へ入ったことがある。

小柄で、おとなしい無口なあるじは、可愛《かわい》らしげな老爺《ろうや》となり、白髪あたまのおかみさんのほうは、口もよくまわるし、老夫をたすけて、鮨もにぎる。

神保町で買った古書をひろげて見ながら、のんびりと大晦日の酒をのむのにふさわしい店になっていた。

その一時《ひととき》を、いまも私は忘れない。

以前から私の大晦日は、しごく、のんびりとしたもので、それまではいそがしくはたらき、年が明ければ元旦《がんたん》から仕事にかかるのを当然とする生活がつづいているが、大晦日だけは、ぶらりと外へ出て、映画のひとつも見て、どこかで年越しの蕎麦を食べ、ゆっくりと、酒をのむのがならわしとなってしまった。

ちかごろの大晦日には、よく、神田へ足が向く。そうしたとき、年越し蕎麦の客で大入り満員の〔藪〕は敬遠し、私は連雀町の表通りにある蕎麦屋〔まつや〕へ入ることにしている。

ここの店構えも、蕎麦も、むかしの東京をしのばせるにじゅうぶんなのだ。

三条木屋町・松鮨《まつずし》

十年ほど前のころには、まだ、暇もあったし、体力も気力もあり、月に一度はかならず京都へ出かけて行ったものだ。

戦前・戦後を通じて、数えきれぬほど京都へ行き、ときには半月も一カ月も滞留したことも少なくなかった私だが、自分というものと京の町が、

「切っても切れぬ……」

ものになったのは、やはり、時代小説を書くようになってからだった。

それまでは気にもとめずに見たり聞いたりしたものや、何気もなく通りすごしてきた町すじに、私は堪えがたい愛着をおぼえるようになった。

それは、取りも直さず、この古都の町すじや風物に、

「江戸のおもかげを偲《しの》ぶ……」

ことができるからだ。

東京は明治以来、数度にわたり、天災・人災・戦災を受け、江戸の名残りをとどめ

ていた〔旧東京〕の姿が、

「木《こ》ッ葉微塵《ぱみじん》……」

に砕け散ってしまった。

そのかわりに、東京の歴史や、都市の風物と市民との関係を少しもわきまえぬ政治家と役人が造りあげたマンモス都市の姿は、もはや、私が描く小説とは無縁のものとなった。

東京が失った川や橋や、家並《やなみ》や鳥の声を、京都はいまも、わずかに温存している。

しかし十年前の京都とは、もはや、

「比ぶべくもない……」

ありさまに、なってきつつある。

十数年前の私には、

(京都も、いまのうちだぞ)

というおもいが、たしかにあった。

歴史にくわしいわけでもなく、京都の隅から隅までにぎっしりと詰め込まれている史蹟《しせき》や名所を、いちいち見てまわるというのでもなく、ただ漫然と好きな町すじの朝を、昼を、夜を歩き、好みの店で酒をのみ、食事をして、のんびりと時をすごす。それだけで、私にとって京都は貴重な存在だった。

＊

三条木屋町下《さが》ルところにある〔松鮨〕へ、はじめて入ったのは、もう十五年も前のことになるだろうか……。

高瀬川に架かった三条小橋を東へわたると、川沿いの道の斜め向うに、瑞泉寺《ずいせん》という寺がある。

この寺は、慶長十六年に、かの角倉了以《すみのくらりょうい》が豊臣秀次《とよとみひでつぐ》の菩提《ぼだい》を弔うために建てたものだ。

秀次は、太閤《たいこう》・豊臣秀吉の甥《おい》（姉の子）にあたる。

年少のころは、あまり出来がよくなかった甥の秀次に目をかけ、きびしく叱《しか》りつけもし、はげましもして、次第に地位を高めてやった豊臣秀吉は、天下平定の後に、側室・淀《よど》の方が生んだ初めての男子（鶴松《つるまつ》）を、わずか三歳で病死させてしまった。

六十に近くなっていた秀吉は、二度と、子をもうけることができぬとおもいきわめ、ついに秀次を跡つぎに決め、関白の位にも就けておいて、朝鮮への出兵に奔命した。

すると、意外にも淀の方が、またも男子を生んだのである。

この子が豊臣秀頼《ひでより》になるわけだが、以後、秀吉と秀次の間は急速に破局を迎えることになる。

豊臣秀吉は、やがて、秀次を高野山へ押しこめて切腹を命じ、さらに、秀次の妻子や側妾《そばめ》たち、それに侍女までも、三条河原へ引き出し、処刑してしまった。

「われに、謀反《むほん》をくわだてた」

と、叔父の秀吉は、いった。

ともあれ、この処刑は、秀吉の晩年における一大汚点とされているが、真の事情は、いまもって不明であるといってよい。

しかし、秀吉に朱印状をゆるされ、当時の海外貿易の雄《ゆう》であり、のちには京の都に高瀬川を開削し、京都・伏見間の水運をひらいたほどの角倉了以が、秀吉亡《な》きのち、秀次の悲運をあわれみ、一寺を建立《こんりゅう》したということに、私はおもいをそそられたものだ。

秀吉は、明智光秀《あけちみつひで》の謀反によって、突如、本能寺に死んだ旧主・織田信長《おだのぶなが》のことをおもい、光秀の幻影を、

（甥の秀次に見たのではないか……？）

などと、考えてみたりしながら、秀次や妻妾《さいしょう》たちの墓を拝み、天明のころに再建さ

旅行者ならつい見過ごしてしまう，ひっそりとした松鮨の店構え

れたというこの寺の小さな古びた門を出たとき、

（あ、ここにあったのか……）

私は、はじめて気がついた。

すこし前に、京の知人から、三条小橋に近いところにある〔松鮨〕の鮨がうまいということを耳にしていたのだった。

〔松鮨〕は瑞泉寺のとなりに在った。

現在《いま》も変らぬが、間口二間半ほどの戸口に掛けたのれんと、軒行燈《のきあんどん》に小さく店名をしるした店構えで、夏も冬も軒先につるした京すだれの奥は、ひっそりとしていた。

桜花《はな》が咲く前の、観光客のあふれ返る直前のしずけさが、そのころの京の町にはまだあった。

早春の午後の、客足が跡絶《とだ》えた時刻だったので、

（ちょうどいいな）

初めての店でも気後れをしたことがない私だから、戸を開けて、

「かまいませんかね？」

声をかけると、まっ白にみがきぬいたカウンターの向こうで下ごしらえをしていた主人《あるじ》が顔をあげて、

「さあ、どうぞ」

と、いった。

その主人の顔に、私は、たちまち魅了された。

何故か……。

むかしむかし、私が少年のころ、日本橋の三越へ出かけて、折しも十五代目・故市村羽左衛門《うざえもん》を見かけ、サインをねだったところ、数日後を約してくれ、その当日、胸をどきどきさせている私の前へ約束どおりにあらわれた天下の名優・羽左《うざ》氏がサイン入りの色紙と出演中の歌舞伎《かぶき》座の切符を贈ってくれたことがある。

(こんな子供も、いまに大きくなって、歌舞伎ファンになるのだから……)

という羽左氏のやさしい心を、私はたし

松鮨主人・吉川松次郎さん。この店の鮨も肴も，文句なしの絶品

かに受けとめた……ように、いまでもおもっている。

その感動は五十をこえた今も日に日に新しく、有形無形に、いまの私へ影響をあたえているのだ。

さて、そのときの素顔の十五代目・羽左衛門そのものの顔を、私は〔松鮨〕のあるじに見たのだった。

それから十五年を経た現在では、松鮨の羽左氏も、いささか老《ふ》けてきてはいるけれど……。

＊

銀座資生堂の料理長・高石鍈之助《えいのすけ》は、こういった。

「料理人は常に眼を肥やす努力をし、絵画も活《い》け花もわからないといけない。それでないと、美しい、清潔な盛りつけができません」

〔松鮨〕のあるじ・吉川松次郎の美意識が、どのようなものであるかは、小さいが、しかし文句なしに完璧《かんぺき》な店内へ足を踏み入れただけで、たちまちにわかる。

ついで、あるじがにぎる鮨や、手早く盛りつけて出す酒の肴《さかな》を見れば、たちどころにわかる。

ガラスのケースへ、これ見よがしに魚介を並べたりはせぬ本格の鮨やなのである。東京ふうでもなく、大阪ふうでもなく、京都ふうでもない独自の鮨だ。それをにぎるあるじの爪《つめ》の中までもなめたいほどの美しい鮨だ。あるじの指も爪も鮨と同化している。あるじの手先が〔鮨〕になってしまっている。

いつだったか、私といっしょになった常客のひとりが、

「松つぁんは、いのちがけで、鮨をにぎっとるからねえ」

しみじみと、私にささやいたことがある。

にぎるときの、庖丁《ほうちょう》をつかうときのあるじの、神経の張りつめた顔は美しい。

私は一時、ここの鮨を口にしたいがために、京都へ飛んで来たことが何度かある。

十年ほど前の初夏の、明るい午後に、例のごとく〔松鮨〕でのみ、たっぷりと食べて、御池《おいけ》の通りへ出て来た私を、B出版社のY氏が見つけた。

Y氏は、私が昨夜、祇園《ぎおん》あたりで「いい夢を見て、ゆっくりと起きて昼酒をのんで……」歩いているとおもったそうな。

それほどに私は、いかにもしあわせそうな、みちたりた顔をしていたのだろう。

いまだに、Y氏に会うと、そのときの、私の顔のことをもち出されるのだ。

十二月から一月のはじめにかけて、あるじが創作した〔川千鳥〕という鮨が出る。

小鯛《こだい》をかぶせてにぎった鮨を千枚漬で巻き、昆布《こぶ》でしめたこの一品を見ていると、まさに、冬の夕暮れの鴨川《かもがわ》を飛ぶ川千鳥の姿が彷彿《ほうふつ》としてくる。

最近では〔鹿《か》の子巻き〕という華麗な巻き鮨を創《つく》ったあるじなのである。

あるじ吉川松次郎の妻女は、こういっている。

「私は親が早《はよ》うなくなって、姉に育てられました。ちょうど主人も同じような境遇で、そんなもんどうしがいっしょになって、こうしてやって来たんですわ。へえ、もう、主人は小《ちっ》さなときから苦労をしてますので、よう練れてますの。はい、一度も大声を聞いたことありません。まあ、これまでに、そら苦労もありましたわ。一時、主人が病気で、五人の子がいて、お店はつづけんならん、戦争になるわでねえ。それでもなんとかやってきました。店は小さいけど、これでも度胸はええんですよ」

去年、あるじ夫婦の末の娘が結婚をして、夫婦はまた、新婚当時の二人になった。使用人を一人も使わずに、これまでどおりの仕事を老夫婦で仕てのけることになった。

末の娘さんは日暮れまで手つだって帰る。

「これからは、私も気張らないけません」

つい先頃、久しぶりで〔松鮨〕をおとずれた私に、妻女がいった。

その唇に、うすく口紅が刷《は》かれているのを私は見た。

「おかみさん、二人きりにもどって張りきってる」

と、私は連れの人にいった。


仕事のことなど何一つ考えずに、昼近くなって目ざめ、ゆっくりとホテルを出てから、ぶらぶらと京の町を歩き、のみたくなり食べたくなった午後の一時《ひととき》を、この店ですごすたのしさは、まったく、

「こたえられない……」

ものだ。

それからホテルへ帰り、マッサージをしてから、またしても眠りこける。

一年中、一日の休みもなしに仕事をつづけている私も、十二月とか二月とか、人が行かぬ京都をねらって出かける。

ホテルを出て、御池通りを突切り、角倉了以が開削した、柳の影も濃い高瀬川沿いに木屋町を下って行く気分はなんともいえないものだった。

木屋町も先斗町《ぽんと》も、いまはネオン看板の氾濫《はんらん》である。

三条大橋と小橋のあたりにはビルディングやマンションが建ちならび、角度によっては東山も見えなくなってしまった。

こうした京都の行先は知らぬ。

ただ、松鮨のあるじと同じ時代を生き、あるじのにぎる鮨を食べる幸福のみを、私はいつも感じている。

外神田・花ぶさ

昭和初期の、私が子供のころは、親どもと住み暮している小さな区域と、その町すじ以外へ、めったに足を運ばなかったものだ。

衣食も娯楽も、勉強も運動も、すべて、それぞれの町の中で、

「用が足りた……」

のである。

そうした一区域の中に、洋食屋もあれば支那《しな》飯屋もあり、そばや、すしや、菓子や、映画館、寄席《よせ》、縁日、祭礼から守護の神社《やしろ》までそろっていたのだ。

私は、幼少のころから第二次大戦の戦災で家を失うまで、浅草の永住町に居住していた。ここは浅草も下谷《したや》の境に近く、上野と浅草の盛り場へは、それぞれ十五分で行けるという絶好の土地《ところ》だ。

小学校は、下谷の西町にあったので、上野公園を私たちは、自分の家の庭のようにおもっていたのである。

それでいて、上野から紙一重のところにある本郷や神田へ足を伸ばすことは、私たちにとって、

「一つの小旅行……」

だといってもよかった。

そこには、自分たちの町にはない風景と人びとと、町内の匂《にお》いがあった。

他の町へ出かけて行くことを、私たちは、

「探検……」

だとか、

「冒険……」

だとか大仰に表現しては、悦に入っていたのだ。

小学校四年（十歳）のとき、担任教師のT先生が、本郷の湯島三組町にある自宅の地図を黒板に描かれて、

「ここが学校で、ここが先生の家だ。日曜日には、あそびにおいで」

と、いわれて、私たちのノートに、その地図を写しとることを命じられた。おもえばこれも、T先生の教育の一つだったのかも知れない。

自分で描いた地図をたよりに、目的地へたどりつく。これはたしかに、当時の十歳

の子供にとっては、よい体験だったろう。

さっそく、私は四、五人の級友と共に、T先生を訪問した。

「おお、よく来た、よく来た」

というので、いろいろとごちそうになり、

「これから、みなを散歩に連れて行く」

と、T先生が近くの神田明神社へ私どもを案内して下すって、境内の茶店で甘酒をふるまわれた。

さあ、これがめずらしくて、その後も私は、ひとりで神田明神へ出かけて甘酒をのみ、足にまかせて、本郷から神田のあたりまで歩きまわることになった。

湯島天神の境内へ、はじめて入ったのもそうした一日であったし、黒門町から五軒町、末広町から、さらに、青果市場の雑踏の中へまぎれ込み、きょろきょろとあたりを見まわしていた四十年前の自分を、まるで昨日のことのように、私はおもい浮かべることができる。

当時、秋葉原の青果市場には、母と離婚したのちも独身でいた父が、事務所ではたらいていたのである。

しかし、父が青果市場の何処《どこ》にいるのか、それも知らなかった。

それでいて、市場の中を歩きまわっていたのは、三年前に別れたきりの父を無意識のうちに探していたのかも知れない。

四十年後の現在、外神田から本郷、下谷へかけての、かつての私の散歩コースも、おどろくべき風景の変貌《へんぼう》をとげてしまったが、子供のころの記憶は鮮明をきわめていて、いまも時折、このあたりを歩むとき、むかしのままの店舗や看板や、細道を見出《みいだ》すことができるのだ。

たとえば、旧西黒門町の菓子舗〔うさぎや〕である。その近くの耳鼻咽喉《いんこう》科の医院と、その古い看板である。

その近くの〔黒焼《くろやき》〕である。

この〔黒焼〕なるものを、いまもって私は何であるかを知らない。〔総元祖・黒焼〕の看板を子供のころから見ている私なのだが、何やらスッポンの黒焼のようなものらしい。看板に〔目印〕とあって、亀《かめ》の図が描かれているのだ。その他、孫太郎虫だの何だの、生きものから取った薬屋であることはたしかなのだ。

いまの私が、このあたりを散歩するとき、夕景はかならず立ち寄る料理屋の〔花ぶさ〕も、黒焼の、すぐ近くの裏通りにある。

花ぶさの店内で女将の佐藤雅江さん（左端）らと談笑する著者

＊

〔花ぶさ〕へ、はじめて入ったのは、やはり、このあたりを散歩していて、
（こんなところに、こんな店があったのか……）
と、折しも夏のことで、しきりに冷めたいビールがのみたかったのだとおもう。迷わずに入った。

以来、もう十四、五年も、この店で酒飯しているわけだが、はじめて入ったときから現在まで、この店のおかみさんをはじめ店の人たちのあつかいは全く変らぬ。

つまり、通りがかりに入った、はじめての客への親切が、いまも変らぬということで、たとえば、この店で出している〔花ぶさ膳《ぜん》〕というのは……。
海老《えび》のコノワタ漬・芝海老の揚《あげ》しんじょ・鰆《さわら》の黄金焼・わかさぎの昆布巻《こぶまき》などが、レモンや青唐や柚子《ゆず》などをあしらって箱膳におさまり、これに、マグロとカンパチを盛り合せた刺身を別の皿につけて出す。

さらに、卵の栄養椀《わん》という吸物と、熱々《あつあつ》の穴子の蒸しずしが出る。

そして、酒が一本に、白玉のぜんざいというデザートまでついて、これが金三千円なのである。この〔花ぶさ膳〕は三年前からはじめたのだが、依然、値段を上げないのだ。

ここのおかみさんは、

「何とか、その日その日がやっていければいいのですから……ええ、それで、お客さまにたくさん来ていただいて、にぎやかにやって行きたいんですの」

というが、私は、これで、ほんとうに算盤《そろばん》が合うのだろうか、と、つくづくそうおもう。

おかみさんの佐藤雅江は、はじめ、万世橋で、とんかつ屋をしていて（いまも盛業中）、つぎに、この外神田の、むかしの町名でいうと神田区五軒町の自分の宅地へ、料亭を開業した。

この店の味が定まったのは、やはり、調理界の長老である矢橋豊三郎が晩年の仕事場に〔花ぶさ〕をえらび、板前で庖丁《ほうちょう》を取るようになってからであろう。

ほんらいなら、大きな料亭の調理場へすわったきりで、あたりをにらみまわしているだけでもいいほどの矢橋老が、この店へちからを入れたのは、やはり、おかみさんの人柄を好み、二人の呼吸が合ったからにちがいない。

いまは、矢橋老人も隠居してしまったが、愛弟子《まな》の今村英雄がしっかりしているから、すこしも不安はない。

老人も、月のうちに何度かは顔を見せるらしい。

今村は少年のころ、大阪の三ッ寺筋にあった〔清中《きよなか》〕という料理屋へ修行に出た。

そのころの私は、芝居の仕事で、よく大阪に滞留しており、〔清中〕へも足を運んだ。老いたあるじが一刻者《いっこくもの》の、おそろしく清潔な、

「ちょいと、うるさい……」

店であった。

そのころ、少年の今村は高下駄《たかげた》をはいて店の掃除をしたりしていたにちがいないのだが、私はまったくおぼえていない。

こういうきびしい店を経て、東京へ出て来て、矢橋老の弟子となった今村のことだ

から、

「すこしは、他の店へ行って見ないと為《ため》にならない」

といわれ、矢橋老から他へ出されても、ねずみがチョロチョロしたり、だらしのない店だったりすると、どうにもがまんができず、一日か二日で帰って来てしまう。

どこへ帰って来るかというと、〔花ぶさ〕へ帰って来るのだ。

〔花ぶさ〕を、自分の家のようにおもいこんでいたらしい。また、おかみさんも平気で、自分のところから他の店へ通わせていたというのだ。

「それでも、もう仕方がない」

というので、矢橋老人は今村を、ふたたび〔花ぶさ〕へもどしたのである。

今度、例の〔花ぶさ膳〕のほかに〔千代田膳〕というものをやりはじめたので、さっそく、出かけてみた。

花ぶさ膳は女のお客に大好評で、女性たちの集まりによろこばれるようになったものだから、今度は、男のお客の宴席が、これ一つで充分であるという箱膳をつくってみたらしい。

先《ま》ず、車海老の姿盛りに、マグロとイカの刺身が別皿で出て、これに、白魚と三ッ葉を海苔酢《のりすあ》で和えたものがついて出る。これが今村の腕の見せどころというわけだ。

揚げ物は、芝海老の揚しんじょ。焼物は甘鯛《あまだい》である。合鴨《あいがも》の紙焼には銀杏《ぎんなん》と焼葱《やきねぎ》、おろし柚子。煮物は大根の卵味噌《みそ》かけに、グリンピースと海老がふりかけてある。吸物は、鴨の皮と葱の、いかにも酒のみが好みそうなものになっているし、これに穴子ずしがつく。酒が二本に、白玉のぜんざいで終るわけだが、

「これで、いくら？」

と尋《き》いたら、なんと、四千五百円だというのだ。

「それでは儲《もう》かるまい。つまらないじゃありませんか」

といったら、おかみさんは、

「ええ、いいんでございます。大丈夫なんでございます」

と、こたえた。

同行の、食べざかりの青年二人は、ついに、この千代田膳のほかには何も口へ入らなくなってしまった。

何も彼《か》も、たっぷりとしている。

たとえば香の物を見れば、たちどころにそれがわかる。小皿にちょびちょびとのせてある香の物ではない。白菜も大根もたっぷりと鉢に盛ってある。

連雀町《れんじやく》の〔松栄亭〕もそうだが、戦前の東京の心意気をしのばせる〔花ぶさ〕の

和菓子の老舗・うさぎやの店構え

ような店が、いまの東京にも探せばいくらかは残っているのである。

先日、〔花ぶさ〕へ行く前に、久しぶりに湯島天神へ参詣《さんけい》をしたら、折しも梅まつりで、境内の梅は満開であった。

江戸のころからのおもかげを濃厚にとどめている、この天神さまの境内は、いまの東京の寺社の中で、私が、もっとも好きな場所といってよい。

ずいぶん前のことになるが、雪の日に、このあたりを通りかかって、七分咲きの梅と積雪の湯島天神へ参詣したことがある。

こういう日には、周囲に乱立するラブ・ホテルも雪に溶けてしまい、その風趣は、まさに江戸のころをしのばせるものがあった。

そのとき、たしか、男坂を下って黒門町の〔うさぎや〕へ立ち寄り、名物の〔どら焼〕を買ってから、花ぶさへおもむいたのである。

〔うさぎや〕のどら焼といえば、私が少年のころからつとめていた株式仲買店の主人が、月に二度ほどは、私をよんで、

「お前さんのところの近くだから、今日は帰りに、うさぎやへ寄り、どら焼を買って、明日、もって来ておくれ」

と、たのんだものだ。

翌日、どら焼を持って行くと、その中から二個を半紙に包み、

「ごくろうさん」

と、私にくれる。

私が、いい若い者になっても、どら焼を買いに行かされた。戦争がひどくなって、砂糖などが統制されると、うさぎやも、日に何個ときめられたどら焼しか売ることができなくなり、私は早朝から行列をして買いもとめ、主人のところへ持って行くと、

「ごくろうさん」

の言葉に変りはなかったが、その内の二個を私に分けてくれるのが、ちょっと惜しそうな顔つきになる主人に、私は苦笑したものだ。

そのころはもう、甘いものをよろこぶ私でもなかったが、主人の惜しそうな顔が見たいので、いつも、もらってきたものだ。

「私は甘いものなんぞ、いりませんから……」

といったら、主人は、どんなによろこんだことだろう。

そのころの甘味の貴重さを、現代の若者たちに語ってみても、何のことやら、さっぱりわかるまい。

藪《やぶ》二店

夜半から朝にかけてが私の仕事の時間で、これはもう二十何年もの間の習慣になってしまっていて、どうにもならない。

物を書いて暮せるようになる前の、日中は勤めに出て夕景帰宅し、夕飯のときにのむ酒の酔いを借りて三時間ほどねむり、夜半から明け方まで原稿紙に向かっていた習慣が、もう、身についてしまったのだ。

それでも、五、六年ほど前までは、料理屋や酒場で相当の酒をのんで帰宅した夜ふけでも、二時間ほどやすめば、すぐ仕事に取りかかれたものだった。

が、もう、いけない。

酒は、おそくとも夜の七時までに切りあげてしまわぬと、仕事にかかるときの頭や躰《からだ》に酒が残るようになってしまった。

そういうわけで、不本意ながら、ちかごろは夜の銀座からも足が遠退《とおの》くばかりなのである。

それだけ私も年齢《とし》をとったのだろうか……。

けれども、昼の銀座へは一週間に何度も出かけて行く。

各社の、映画の試写室の大半が、銀座に近い。

したがって、外でのむ酒は私の場合、まだ日が落ちぬうちにはじめることになる。

そして、酔って赤くなった顔が、それほどはずかしくなくなってくる夕暮れどき、帰途につくことになる。

となると、のむ場所は、やはり、蕎麦《そば》やということになる。

時には、まだホステスが出勤して来ないなじみの酒場へ行き、バーテンを相手に軽くのむこともあるが……。

いまの私が蕎麦やで酒をのむのは、亡父や祖父や、私が幼少のころに、私の周辺に生きていた親類の男たちの習慣が、そのまま、つたえ残されたからだろうか……。

むかしの、東京の下町に住み暮すものにとって、蕎麦と、その日その日の明け暮れは、

「切っても切れぬ……」

ものだったのである。

それぞれの町内には、かならず二、三の蕎麦やがあったものだし、また、それぞれ

にうまかった。

　大人たちは、銭湯の帰りにも、ふところにわずかでも余裕《ゆとり》があれば、かならずといってよいほど、最寄《もよ》りの蕎麦やへ立ち寄ったものだ。

「湯の帰りに蕎麦を手繰らないと、よく眠れない」

　などという人もいたようである。

　私を可愛《かわい》がってくれた曾《そう》祖母も、何かごちそうをしてくれるといえば、蕎麦やであった。先《ま》ず、曾祖母は、天ぷらなどの種物《たねもの》をとってくれ、自分はゆっくりと一合の酒をのみながら、

「おいしいかえ?」

　などと、はなしかけてくる。

「うん。うまいよ」

　仕方なく、こたえる。

　実際のところ、どうせ、ごちそうをしてくれるなら、支那《しな》飯屋のシューマイ御飯か、洋食屋のカツライスのほうがいいとおもうのだが、曾祖母は、

「肉《ももんじい》なぞ食べると、ろくなことはないよ」

　と、私をたしなめた。

維新のころは、大名屋敷に奉公をしていて、殿さまの〔御袴《おはかま》たたみ〕を受け持っていた曾祖母だけに、万事がこれだった。

私のみのことではなく、子供にとっては、あまり蕎麦が〔ごちそう〕ともおもえなかったのだが、ともかくも、こうして私たちは蕎麦を、

「食べならわせられてしまった……」

のである。

男と女が、男と男が待ち合せる場所も、蕎麦やが便利だった。そして、どこの蕎麦やも、土間の椅子《いす》席の向こうに、入れこみの畳敷きがあり、一つ一つの席が衝立《ついたて》で仕切られてい、蕎麦の香りが店内にたちこめていたものだ。

亡父も、よく、私を蕎麦やに連れて行った。

父は、年少のころからつとめあげた綿糸問屋が倒産してのち、下谷《したや》の根岸に撞球場《ビリアード》を開いたが、どうも、こういう商売は無愛想な父には向かなかった。店を母にまかせ、日が暮れると父は、私を連れて失意の酒をのみに出かける。

それが、きまって蕎麦やだった。

池之端《いけのはた》の〔蓮玉庵《れんぎょくあん》〕と、浅草・並木の〔藪〕へ、父はよく行った。

私は、そのあとで映画を観《み》せてもらえるのをたのしみに、黙念と酒をのむ父につき

合ったのだ。

*

そのころの、並木の〔藪〕は、現当主・堀田平七郎の父君の代だった。

そして私は、世の中へ出て行くようになってから、しばらくの間は〔藪〕とも〔蓮玉庵〕とも……いや、蕎麦そのものからも遠ざかってしまった。

その後も、戦争が終って、しばらくの間は蕎麦どころではなかったわけだが、復興がすすむにつれ、先ず、外食することができるようになったのは、蕎麦からであった。

そのころの私は、東京都につとめていたが、

「もう、弁当をもって行かなくともすむ……」

ということが、どんなにうれしかったことだろう。

弁当のほうが、まずいというのではない。

東京の町で、ふたたび、食べものやの店が開き、そこへ行って金を払えば、何かが食べられるということがうれしかったのだ。

（日本も、生き返ってきた……）

その実感をのせて、蕎麦が、私たちの目の前へあらわれたのだった。

私は、また、蕎麦になじみはじめた。

それにしても、浅草並木の〔藪蕎麦〕へ、またも足を向けるようになったのは、つい十年ほど前からだ。

浅草が私の生まれ故郷で、むかしをなつかしむということよりも、私の散歩コースに、いまや、浅草は、

「欠かせぬもの……」

と、なっている。

何故か……。

一つだけ、簡単にいうなら、浅草の盛り場の、平日の人のながれはゆるやかで、しかも、六区の中の商店街に面した通りのほとんどが、自動車の通行をゆるしていないからである。

大きな盛り場のうちで、こんな町は、いまの東京の中に浅草のみといってよい。だから、のんびりと商店のウィンドウを見ながら歩けるし、たとえば、むかしの学生さんがよくしていたように、本を読みながらでも道を歩ける町なのだ。

初冬の、鴨《かも》なんばんが出はじめるころの、平日の午後の浅草へ行き、ちょっと客足の絶えた時間の、並木の〔藪〕の入れ込みへすわって、ゆっくりと酒をのむ気分はた

まらなくよい。

その店構え、飾り気がなくて清潔な店内、むかしの東京をしのばせる蕎麦道具。ここでは決して、民芸趣味の、まっ黒で大きな器を使ったりはしない。あんな器に入った蕎麦は、私など食べる気が消えてしまう。

そして、女中たちの接待もまた、ここは、むかしの東京を偲《しの》ばせるに足る。

明治の初年、浅草南元町の蕎麦屋〔中砂〕から発した〔藪蕎麦〕の系列は、神田連雀町の〔藪〕を筆頭に、現在も盛業をほこっている。

日本橋浜町の〔藪〕もその系列の蕎麦やで、私は年に一度ほど、明治座で自分の芝居を上演するときには、

「さあ、浜町の藪へ行けるぞ」

と、それが一つのたのしみになる。

もっとも浜町の〔藪〕では、おちおち酒をのんでもいられない。

芝居の稽古《けいこ》から初日、二日目と、明治座へ通って仕事をする合間に飛び込むわけだから、せいぜい、二本の酒をのむ程度だ。

しかし、蕎麦やへ入ったからには、一本の酒ものまずに出て来ることは、先ずないといってよい。

のまぬくらいなら、蕎麦やへは入らぬ。

いつの間にか、私は亡父に似てきてしまった。

稽古が終ってからだと、浜町の〔藪〕は店を閉めている。

そこで、行きがけに入って酒を少しのみ、蕎麦で軽く腹ごしらえをして、稽古場へおもむく。

私の酒は顔へ出る。

ある歌舞伎《かぶき》俳優には「また、入ってますね」と、いつもいわれる。このため、その人には別の劇場で顔を合せたとき、酒が入っていなくても「また、入っているんでしょう」と、いわれるようになってしまった。

〔藪〕と名乗る店は東京に数多くあるが、連雀町・並木・池之端・浜町の〔藪〕が、いまのところは堀田家の系列ということになろう。

並木の〔藪〕の現当主・堀田平七郎の祖父・七兵衛が、神田連雀町にあった団子坂の藪蕎麦の親類がやっていた店をゆずり受け、料亭風の高級蕎麦をはじめたのは明治十五年前後という。

並木の〔藪〕も、そうした好みをよくあらわしているようにおもう。

浅草・雷門《かみなりもん》の南方わずかのところにあるこのあたりは、浅草寺《せんそうじ》の門前町だったところで、むかしむかし、浅草寺の境内からこのあたりまで、桜・松・榎《えのき》の並木が両側にあったところから、並木町の町名が生まれた。もっともいまは、台東区雷門二丁目だそうな。勝手にしろといいたい。

江戸時代の本を見ても、あたり一帯に料理屋や鰻《うなぎ》屋、すし屋、茶飯屋などが軒をならべてい、その中に〔十一屋〕という蕎麦やの名が出ている。

このように絶好な地の利を得ていながら、あくまでも従来の小体《こてい》な店構えをくずさず、じゅうぶんに手をまわした商売をして行こうという、いまのあるじのこころを、私はうれしくおもう。

あるじの実弟で、松竹演劇部制作室のプロデューサー・竹崎竜之助は、毎年、師走《しわす》も押しつまると、銀座の酒房〔エスポワール〕へ出かける。

老舗《しにせ》の〔エスポワール〕が並木の〔藪〕の年越しそばを客に出すとき、竹崎竜之助は、

「蕎麦に、つきそって来る……」

のである。

平常も〔エスポワール〕の客である彼なのだが、この夜ばかりは裏手へまわり、バーテンたちを指揮して、蕎麦をあげ、蕎麦を洗う。

学生のころには、兄の店で、アルバイトをさせられただけあって、私はこの目でたしかめたわけではないが、手つきは堂に入ったものらしい。

そのときの竹崎竜之助の両眼はきらきらとかがやき、颯爽《さっそう》として蕎麦をあげ、蕎麦を洗う。

この役を、彼がみずから買って出るのも、エスポワールの常客だからというのではない。

彼の家の、家業へ対する誇りが、そうさせるにちがいない。

さらに、年が押しつまり、大晦日《おおみそか》となるや、竹崎竜之助は並木の店へ立ちあらわれ、兄をたすけて、年越し蕎麦を食べに押しかける客のために、奮闘をつづけるのである。

そうして一年が終ると、早くも新年の二日には松竹のプロデューサーとして劇場の監事室の椅子におさまり、初日の舞台を監視している竹崎竜之助なのだ。

大阪ところどころ

むかし、芝居の脚本と演出で暮していたころの私のホーム・グラウンドは〔新国劇〕であった。

さよう、いまから二十年も前のことだ。

そのころの〔新国劇〕は、戦後の絶頂期を迎えており、いまの商業劇団でいうなら、藤山寛美の〔新喜劇〕の繁昌《はんじよう》にも劣らぬ人気で、毎月の舞台は沸き返り、東京・大阪・名古屋を中心に、ほとんど休む月とてなかった。

東京の明治座や演舞場・歌舞伎《かぶき》座などで出した芝居を大阪・名古屋へもって行く。その反対の場合もある。

東京公演の場合は、その前の月の公演が大阪か名古屋だったので、作者や演出家は現地へおもむき、終演後に東京公演の稽古《けいこ》をする。

私などは、大阪の劇団公演中に付き切りで滞在し、脚本を書き、稽古をしたことも何度かあった。

私と大阪とのむすびつきは、先《ま》ず、こうして生まれたのだった。

私の定宿は、道頓堀《どうとんぼり》川に架かる相合《あいおい》橋を北へわたった右側にある〔大宝《だいほう》ホテル〕という小さな宿であったが、この宿の居心地のよさは、たとえば、寝具にかけてあるカバーというカバーは客がだれであっても、毎夜かならず、クリーニングに出したものと替えてくれるし、食事は自由、昼夜ぶっ通しに玄関を開けておいてくれるという、本格のホテル同様の便利さがあって、芝居関係の人びとには何よりだった。後年、芝居の仕事をはなれ、小説の世界へ入ってからも、私は三月に一度は大阪へ出かけた。それというのも、この定宿があったからだが、現在は〔グリーン・ハウス〕という貸しビルになってしまい、おかみさんも京都へ引きこもってしまい、主人《あるじ》はいま、貸しビルの社長になってしまった。

この宿の朝飯は、かならず食べた。前日に道頓堀の〔さの半〕という百年もつづいた蒲鉾《かまぼこ》屋へ寄って、大阪では〔赤天〕という、すなわち〔さつま揚げ〕を買って来て宿の台所へ行き、

「明日の朝、ちょっと焙《あぶ》って、大根おろしといっしょに出しておくれ」

と、女中にたのんでおく。

〔さの半〕の赤天は、はも、ぐち、にべなどの魚をねりこんだ逸品である。むろん、

知る人ぞ知るうまいもの屋で，かやく飯が名物の大黒の表構え

デパートなどに店は出していないのだ。

　朝飯をすますと、道頓堀を歩いて新歌舞伎座へ出かけ、公演中の劇団の人たちと打ち合せなどをするうち、昼すぎになる。自分の出番を終えた辰巳《たつみ》柳太郎と共に昼飯に行くのが、御堂筋《みどうすじ》の西を少し入ったところにある〔大黒《だいこく》〕である。

　名物の〔かやく飯〕に、熱々《あつあつ》の粕汁《かすじる》か味《み》噌《そ》汁《しる》。それに焼魚をとって食べるそのうまさは、旅に出ていることだからというのではなく、どこの家庭の日常にも食膳《しょくぜん》に出されるような変哲もないものが、これほどにうまいのは、やはり大阪の、知る人ぞ知る食べ物屋だからだ。

　〔大黒〕を出て、御堂筋をわたり、向こう側の〔サンライズ〕でコーヒーをのむのが、辰巳柳太郎と私の昼飯コースだった。いま〔大黒〕は健在だが、〔サンライズ〕は、主人が年老いて商売をやめ、宗右衛門《そうえもん》町の支店を姪《めい》ごさんがやっている。

私ひとりの昼飯には、よく、笠屋《かさや》町の〔みのや〕へ出かけたものだ。

私は〔みのや〕の、美しいちらし寿司《ずし》が大好きだった。いまは立派な店構えになってしまったけれども、むかしは小体な、しゃれた店で、二階の小座敷へあがると、いくぶん値が張ったが、ゆっくりと酒をのみ、ちらしを食べる昼下りの気分は何ともいえぬものだった。女連れなら、さらによかったろうが、私はいつも劇団の文芸部のI君と〔みのや〕へ出かけた。

午後は、宿へ帰って脚本を書き、夕飯をすませてから、また劇場へ行く。

宿の夕飯ですますこともあるが、ふところが少しあたたかいと、淡路町の〔丸治《まるじ》〕へ行ったものだ。

〔丸治〕は、大阪がほこる商いの町〔船場《せんば》〕の町料理である。

外から見ると、

「これが料理屋なのか?」

とおもうほどの、古めかしい町家の表構えだが、看板ものれんも掛かっていず、ただ〔丸治〕と書いた小さな表札が出ているのみだ。味にやかましい船場旦那《だんな》たちの間

店の造り，もてなし方，料理とすべて生粋の上方風だった丸治

で、長年、きたえにきたえてきた庖丁《ほうちょう》なのであろう。セルロイドを小さな短冊《たんざく》に切って一束にした品がきをめくりながら、食べるものを決めるわけだが、その前に酒をたのみ、ゆっくりとのみながら、わが腹ぐあいと相談してあれこれと選ぶときの、みちたりた気分はたまらない。

二階座敷へは一度も入ったことがなく、階下の板石を敷きつめた入れこみの、厚さ五寸の欅《けやき》の一枚板の大きな食卓の隅が、私の好きな席だった。

＊

ところで……。

日が暮れぬうち、仕事に一区切ついたときは、

「それっ……」

というので、宿を飛び出し、法善寺横丁の近くの路上で屋台を出していた〈樹《き》の枝〉という焼鳥やへ駆けつける。

早く行かぬと、つぎからつぎへとつめかける客で、一時間も立って待たなくてはならぬからだった。

たかが焼鳥に……と、いった人もいるけれども、とんでもないことだ。ここの焼鳥のうまさは食べてみなくてはわからない。

おやじは、小肥《こぶと》りの凄《すご》い面《つら》がまえで、黙然として鳥を焼き、その傍《そば》で、これもまた、こっちが一言何かいったら叱《しか》り飛ばされそうなおかみさんが鳥へ串《くし》を打っている。

ここで出してくれた茄子《なす》の漬物がうまいので「もう一つ」そしてまた「もう一つ……」と、おかわりをして、三度目に「もう一つ……」といったら、おやじがぎょろりと私をにらみつけて、

「あきまへん」

と、いった。

こういう屋台店でいて、客足が絶えなかった。

いま〈樹の枝〉は、旧大宝ホテルの一つ東へ寄った千年町に小体な店をもち、依然、

健在である。三年ほど前の日暮れどきに行って、戸を開けて、

「すわっていいかね?」

と、聞いたら、おかみさんが、こっちをにらみつけて、

「すわるとこない!!」

と、こたえた。

客はまだ一人も来ないのだが、約束で満席になっているのだそうな。いや、どうも実に立派なものである。

道頓堀の東の外れにある関東煮《だき》の〔たこ梅〕は、いまや有名になりすぎてしまったけれども、だからといって、亭主の商売の仕方はむかしと少しも変らぬ。ここへ飛込むのも〔樹の枝〕同様のタイミングが必要だった。

で……。

〔樹の枝〕にも〔たこ梅〕にも坐《すわ》れぬということになって、

「それでは、重亭《じゅうてい》へでも行こうか……」

と、道頓堀から千日前の電車通り(むろん、当時は市電が走っていた)を突切り、難波新地の精華小学校裏の大阪洋食〔重亭〕の戸を開けると、女中さんも若衆も、みんなが愛想よく迎えてくれるし、中年男の客なら、

「大将、何にします?」

と、尋《き》いてくれる。

安い。うまい。今度、十何年ぶりで重亭へ行ってみたが、その良心的なこと、もてなしのよさは、むかしと少しも変らぬ。

もてなしぶりの形こそ違え、これまた〔樹の枝〕同様に立派なものだ。

いかにも大阪洋食ふうのソース(むしろタレといいたい)がとろりとかかったビーフ・ステーキのやわらかさ、その肉のよろしさに、私は満足した。

二十年も前の私は、まだ若くて痩《や》せていて、重亭でも「大将」とよばなかったが、今度行くと、

「大将、何にします?」

と、尋いた。つまりそれだけ、私が老人に近くなっただけのことだ。

この「大将……」という呼びかけは、いかにも大阪らしい。一家の主人《あるじ》なら、たとえ女房に食わせてもらっていても、大阪では「大将」なのである。

こうして、夕飯がすみ、劇場へ行くと、しばらくして芝居がハネる。

楽屋を出た辰巳柳太郎が、

「ちょっと、つきあえよ」

と、いう。

どこへつき合うのかというと、法善寺横丁の〔夫婦善哉《めおとぜんざい》〕なのだ。

酒が一滴ものめぬ辰巳の大好物なのである。

二つの深皿へ盛り分けた名代のぜんざいの、ほどのよい甘さは、酒をのむ私の口にも合った。私ひとりのときも、夕飯のときの酒のあとで、かならず、この店へ立ち寄ったものである。

〔夫婦ぜんざい〕を食べて、辰巳柳太郎はただひとり、肩をすくめてさびしそうに、南綿屋《わたや》町の定宿へ引きあげて行く。

酒がのめぬこの人には、これからの夜の時間が、

「もたない……」

のである。

宿へ帰り、またしても〔ボタ餅《もち》〕なぞをムシャムシャとやってから、われわれが〔電気ウナギ〕と名づけた女あんまに躰《からだ》をもんでもらい、そのまま、ねむってしまうのだ。

それからが私たちの、腰を据えて酒をのむ時間となる。

あのころは一晩に一升のめた。いまは二合のむとすっかりいい気もちになり、ねむ

ってしまう。
のみながら、明日書く脚本を練る。
さわぎながら、稽古《けいこ》の打ち合せをする。
大阪や名古屋での一日は、若い私にとって、充実しきっていたものだ。どのようなむりを重ねても寝込むようなことはなく、われながら精気にみなぎっていて凄《すさ》まじかった。

そして……である。

いくらのみ、いくら食べても肥らなかった。これこそ若さの特権だったといえよう。

今度、久しぶりに大阪の町を歩いてみたが、二十年前の、大阪らしいやわらぎが、町の姿から失われていることはいうまでもなく、その喧噪《けんそう》は東京よりもひどい。

大阪に生まれ育った〔サンライズ〕の主人夫婦が、

「このごろの大阪は、やたらに気忙《きぜわ》しい……」

ので、住み暮す気もちがなくなり、千里のマンションへ引きこもってしまった心境が、うなずけないものでもない。

二十年前に、私どもがなじんでいた宿屋や酒場や食べ物屋の多くが、〔サンライズ〕

のように店をやめてしまっている。存分に手をまわして客をもてなすという余裕《ゆとり》が、東京にも大阪にもなくなってしまったのだ。

そのようなことをしていては、とても経営が成り立たぬ世の中になってしまったのだ。

辰巳《たつみ》柳太郎が長年なじんだ宿屋も同じような理由で廃業してしまい、老いた辰巳が去年、大阪新歌舞伎《かぶき》座へ出演したときは、やむなく、新しい宿屋で、年末から新年を迎えたという。

なじみのうすい宿の一室で、大晦日《おおみそか》を迎えた辰巳柳太郎が空腹とさびしさに耐えかねて、東京の妻女のもとへ電話をかけてきた。

「腹がへって、腹がへって……おれ、わびしいよ」

と、いったそうな。

「さすがに、かわいそうになりましてねえ」

と、妻女が私にいった。

それにしても、むかし、私が通《かよ》った店々のいくつかが、むかしのままに商売をしている姿を、今度、わが目にたしかめてうれしかった。

大宝ホテルから程近い菓子舗の〔友恵堂《ともえ》〕も、その一つである。

この老舗《しにせ》の菓子の、甘味の程のよさは、大阪という町の、むかしの姿をしのばせるに足るものがある。

餡《あん》に塩味がする。甘味に塩の香りがただよっている。

最中《もなか》もよいが、私が好きなのは求肥《ぎゅうひ》に砂糖をまぶした益壽糖《えきじゅとう》であり、薯蕷饅頭《じょうよまんじゅう》である。

大阪に滞在していて、どこかへみやげを持って行くときは、きまって友恵堂の菓子にしたものだった。

二十年前の大阪はよかった。

大宝ホテルの近くのマンモス・キャバレー〔メトロ〕へ行って、

「おれは、ショウを見に来たんだ」

といって、ショウを見たらさっさと帰る私のような客にも、ホステスのもてなしは実に、こころのこもったものだった。

京都・寺町通り

京都の三条から四条にかけての、河原町通りが東京の銀座だとすれば、それから一筋、西へ寄った新京極の盛り場は、さしずめ浅草だといってよいだろう。

〔京極〕という名がしめすように、戦国の時代までは、この通りが、つまり京の都の〔極《はて》〕だったのだ。

河原町という名も、それは鴨川《かも》の河原だったところから出た呼称なのである。

新京極の通りは、三条から四条までであるが、さらにもう一筋、西へ寄った通りが〔寺町通り〕である。

「碁盤の目のように……」

ととのっているといわれる京都の、縦筋の通りの一つなのだが、五条から北へ上る寺町通りは……新京極通りが三条で絶えてしまうのに引きかえ、いったん途切れながらも少し右へ寄って三条通りを越え、それから下鴨の対岸のあたりまでつづいている。

戦乱が絶えてのち、京都が膨脹《ぼうちょう》するにつれて、いくつもの寺院が、この通りの東側にあつめられたので〔寺町通り〕の名がついたのだった。

現在でも、御所の傍《わき》あたりから北へすすむにつれて、かなりの寺院が残ってい、むかしの面影を偲《しの》ぶことができる。

本禅寺、清浄華院、盧山寺《ろざんじ》などの寺院や立命館大学の間に、大久保利通《おおくぼとしみち》の寓居址《ぐうきょあと》や、新島襄《じょう》の旧宅が在って、この物静かな道には、いまも、あまり車輛《しゃりょう》が通らず、私の好きな散歩道なのだ。

初冬の、風も絶えて穏やかな日和《ひより》に、寺町通りを歩いていると、おもいがけぬとき、おもいもかけぬことを発見する。

たとえば〔本禅寺〕に、講談や小説で有名な大久保彦左衛門《ひこざえもん》の墓があることを知ったりして、びっくりするのだ。

三河の出身で、徳川家康《いえやす》以来、三代の将軍に仕え、若いころは幾多の戦場を往来した、この猛者《もさ》の墓が、何で京都にあるのかというと、大坂城の攻防戦で徳川家康が使用した陣鐘《じんがね》を大久保彦左衛門が拝領し、本禅寺へ納めたのが縁となり、ついに大久保家は、この寺の檀家《だんか》となったのだそうな。

これよりなおも北へ行った右側の〔本満寺〕には、戦国の豪傑で、私が子供のころ、小学校の教科書にも、そのエピソードがのせられた山中鹿之介幸盛《しかのすけゆきもり》の墓もある。

この墓を発見したとき、私は、ちょうど山中幸盛を主人公にした小説を雑誌に連載していた。

山中幸盛のことを調べるにつれ、子供のころに彼へ抱いていたイメージとは全くちがう男なのを知り、私はがっかりしてしまったものだった。

京都へ来て、ホテルからの行き帰りに、寺町通りをえらんで歩くのが一つのくせになってしまった私は、自分の小説の中で、よく、この場所を使う。

大石内蔵助《くらのすけ》を主人公にした〔おれの足音〕という小説で、まだ、浅野家の若い家老になったばかりの内蔵助が、放浪中の中山安兵衛《やすべえ》（のちの堀部安兵衛）と、偶然のことから知り合うシーンも、寺町通りの〔鮫屋《さめや》吉兵衛《きちべえ》〕という刀屋においてである。

その情景の描写に、

大石内蔵助は、室町の通りを六角堂のあたりから左へ曲がり、まっすぐに東へ向かい、寺町通りに出た。あくまでも明るい初夏の夕暮れである。寺町の通りは、その名のごとく、道の東側に大小の寺院がつらなり、境内の木立の新緑が土塀《どべい》の上に鮮烈な色をふきあげている。道の両側は町家であった。

内蔵助は、錦天神《にしきのてんじん》の前を行きすぎ、編笠《あみがさ》をとって、酔いに火照《ほて》った顔を夕べの薫《くん》風《ぷう》にさらし、そのこころよさに眼を細めた。

と、ある。

現代《いま》の、このあたりの寺町通りは、新京極の盛り場が寺院を追いのけてしまっているけれども、寺町の通りへ出ると、一筋向こうの雑踏が嘘《うそ》のような静けさがただよう。

商店はたちならんでいるのだが、落ちついた店構えの、呉服屋や小間物屋、組紐《くみひも》の店や古美術店、茶道具の店などが、むかしのままの店構えをくずさずに残っている。

私が足を向ける酒場の〔サンボア〕も、このあたりにある。

＊

堺《さかい》町通り三条下ルところにあるコーヒー店〔イノダ〕のコーヒーをのまなければ、

「ぼくの一日は始まらない」

という人がいるかとおもうと、

「サンボアで一杯のまぬうちは、おれの一日が終らぬ」

という人もいる。

三条に近い寺町通りの東側の、モルタル造りの小さな民家に〔KYOTO SAMBOA

誇りに満ちた「男の酒場」サンボアは，近々“還暦”を迎える

BAR ESTABLISHED 1918〕と記した、淡いブルウの電気看板が軒先へ横たわっているだけの、いかにも誇りにみちた酒場である。

〔サンボア〕は、京都で、もっとも古い酒場の一つであって、立飲台へ出されるウイスキーも、カクテルでさえも、きびきびとした中年の主人の、小柄だが精悍《せいかん》な風貌《ふうぼう》に似つかわしい、男っぽい味がしてこようというものだ。

店に、女はひとりもいない。

しかし、むかしは男だけのものだったこの店へも、近年は女の客が多くなった。それでいて、おしゃべりもせずに、女客たちはしずかにのんでいる。これはやはり、この店の男のムードに圧されるのであろう。

たとえば京都へ来て、夕飯を四条通りの万養軒に決めたとすると、そこへ行く道すじに〔サンボア〕があるというのは、うってつけのことなのだ。

〔サンボア〕で、ペルノーの水割りか、ドライ・マティーニのオン・ザ・ロックスなどを軽くやってから飯を食べに行き、その帰りにもまた、ちょいと〔サンボア〕へ立ち寄る。

男だけが行く酒場である。

女がのむなら、ちかごろ流行《はやり》の〔スナック〕とやらがよい。

この店に、女は似合わぬ。

〔サンボア〕も〔イノダ〕と同様に、諸方へ支店が出来たけれども、京都の男たちは、この古びた本店のムードをなつかしがり、やはり、

「サンボアは、本店でなくては……」

と、いう。

この店の先代は、むかし、神戸で洋酒の輸入業をしていたとかで、創業は、看板にもあるように大正七年である。

〔サンボア〕の二、三軒さきに牛肉屋の〔三嶋亭《みしまてい》〕がある。

激しい京の夏の、居ても立ってもたまらなくなるような昼下りに、この店の二階の入れ込みの大座敷へあがって、牛のすき焼を四人前も食べることができた私は、二十年も前の私である。

いまは、一人前で腹いっぱいになってしまうといいたいところだが、何しろ、この店の賀茂《かも》牛の肉はすばらしい。

「あっ……」

という間に、いまでも二人前は腹中へすべり込んでしまう。

三嶋亭は明治六年の創業だ。

〔西洋御料理・牛肉販売所〕という看板をかかげたというが、いかにも明治開化のにおいがする。

旅の帰りの荷物をきらう私は、ほとんど土産物を買ったことがないけれども、京都へ来て、そのまま帰京するとき、この店の牛肉を買って帰ることだけは苦労にしない。

＊

寺町通りにある古書店をのぞいてまわるのも、たのしい。

三条通り、御池通りをすぎて、市役所の西側へ寺町通りがかかるあたりに、尚学堂という古書店がある。

むかし、時代小説を書きはじめたころ、芝居の仕事で関西へ行くたびに、私は京都へ立ち寄り、数日をすごしたものだが、そのたびに尚学堂で古地図を買いもとめるのを例とした。

そのころでも安いとはおもわなかったが、三千円、五千円で買った古地図に、いまとなっては気が遠くなるような値段がつけられているのにおどろく。

私が、歌舞伎《かぶき》俳優・中村又五郎の〔素顔〕を、はじめて見たのも、この尚学堂の店内においてだった。

　おそらく又五郎は、南座に出演していたのであろう。

黒いソフトに、ダークのコートを着たこの人が古書をあさっている姿は、どう見ても、歌舞伎の役者には見えなかった。

　ちょっと、京大の教授のようにも見えるのだが、さりとてそのものとはいえぬ。役者の素顔が灰汁《あく》ぬけているのは、舞台化粧のたびの洗顔と手入れが必然的におこなわれるからであろう。

　後年、親密になった又五郎に、このときのことをいうと、

「ああ、おぼえてる、おぼえてる。何だか、こっちをじろじろ見てる人がいたことを、おぼえていますよ」

とのことだった。

　ともかくも、このときに見た中村又五郎の素顔のイメージが、いまも連載している〔剣客商売〕の主人公で老剣客の秋山小兵衛《こへえ》に結実することになるのだ。

　私のような仕事をするものにとって、散歩は、

「重要な仕事の一部……」

だといってよい。

私の場合、日々の〔散歩〕なくしては、自分の仕事が成り立たぬといってもよいだろう。

その後、又五郎は私の芝居にも出演してくれ、私的な会話をかわすようになったわけだが、それにしても当時は、この人の内面や物の考え方を、くわしく知ったわけではなかった。

そして、数年前に〔剣客商売〕の連載が始まったとき、私は演劇雑誌の中から、素顔の又五郎の写真を切りぬいて、ノートに貼《は》りつけたのだった。

私は、又五郎のイメージから秋山小兵衛という老剣客をつくりあげたわけだが、後になって、又五郎は小説を読み、ひどく共感をおぼえてくれたらしい。

去年、私は帝劇の舞台で、自分が脚本を書き、演出をした〔剣客商売〕で、又五郎に秋山小兵衛を演じてもらったが、それこそ、小兵衛そのものの演技であって、その実在感に私は非常な満足をおぼえたものだ。

このように、何がきっかけとなって、新しい小説が生まれてくるか、はかり知れぬところが、私どもの仕事にはある。

ところで、尚学堂をすぎて二条通りをこえ、なおも北へすすむと右側に〔村上開新堂〕の店舗が見えてくる。

落ち着いた造りもなつかしく，見飽きない村上開新堂の表構え

この店構えのよさは、まったく、たまらない。立ちつくして見ていて飽きない。つつましやかな、タイル張りの三階家は、大正から昭和初期の、落ちついていた町のたたずまいを偲《しの》ばせてくれる。ガラス張りのショー・ウィンドウの腰張りは大理石だ。

看板は〔村上開新堂菓舗〕と、たったこれだけである。

東京にしろ、京都にしろ、古い店は、店先を仰々しく飾ることをしない。で、その店のとなりに瓦《かわら》屋根の二階家が、ひっそりと寄りそっている。すなわち、開新堂の菓子製造工場なのだ。

私の好きな〔好事《こうず》福盧《ぶくろ》〕という菓子も、この工場で丹念につくられる。

開新堂は、京都における洋菓子の草分けだといわれている。

〔好事福盧〕も、そうしたムードがただよっている清楚《せいそ》な洋菓子だ。

大きな紀州蜜柑《みかん》の中身をくりぬいてゼリーにし、別に蜜柑の実をしぼったジュースへキュラソーをそそぎ、ゼラチンでやわらかく固めたものを、また蜜柑の皮へつめこみ、パラフィン紙で包み、蜜柑の葉の形のレッテルを紐で下げる。古風な、明治・大正のころを偲ばせるパッケージングは、いまも変らぬ。

明治末年に、開新堂の初代の店主が考案したときのままなのだ。

き、〔好事福盧〕は、あらかじめ注文しておかなくてはならぬが、でも、通りかかったとき、

「残っていますか?」

尋《き》いてみると、

「へえ、二つ三つ、残ってございます」

ということもあって、そんなときは大よろこびで、これを買って、冬のホテルの部屋の窓の外へ出して置く。

夜ふけて、ホテルへ帰り、酔いざめのかわいた喉《のど》へ、待っていてくれた〔好事福盧〕が冷《ひ》んやりと入って行くときのうまさは、こたえられない。

横浜あちらこちら

私が子供のころの、東京の下町に住む人びとにとっては、その居住地域が一つの〔国〕といってもよかったほどで、たとえば浅草なら浅草、下谷《したや》なら下谷に住んでいれば、そこで、ささやかながらも生活のすべてが過不足なくととのえられていったのである。

仕事をもつ男たちは、他の土地へも町へも出て行ったろうが、女や子供たちは、ほとんど一年中を自分が住む町ですごした。

そこには、かならず、小さいながらも映画館があり、寄席《よせ》があり、洋食屋も支那《しな》飯屋も、蕎麦屋《そばや》も鮨屋《すしや》もあって、目と耳と口をたのしませる手段に、

「事を欠かなかった……」

ものなのだ。

私のように、ひとりきりで、小学生のころから、皇居周辺の景観を写生に出かけたりするような子供はあまりなかった。そうした無謀のふるまいを、親たちがゆるさな

かった。

もっとも私にしても、市電（都電）に乗って麴町《こうじまち》や赤坂あたりへ出かけて行くことは、前夜から胸がとどろくおもいがしたものだ。

市電へ乗り、見知らぬ町での、車掌に乗り換えの方法を教わるときの不安感は、まるで異国へわたったときの心細さなのだった。

雑誌や絵葉書で見た東京の、まだ見知らぬ景観を、子供たちは自分の眼にたしかめたかったのだ。

私ども小学生は、そうした見知らぬ土地へ出かけて行くことを、

「冒険」

と、称したのである。

大河内《おおこうち》伝次郎や阪東妻三郎が演じた中山安兵衛《やすべえ》の高田の馬場の十八番斬《ぎ》りを映画で見て、その現場をたしかめようではないかと、四、五人が東京の地図をひろげて相談をしたときの胸のときめきは、いまも忘れない。

あれはたしか、小学校の三年生のときだった。

上野駅から省線（いまの国電）に乗り、山手線で高田馬場駅へ下車するまでの時間の長さというものは二時間にも三時間にも感じられた。

そして私たちは、道をたずねたずね、ついに、戸塚町の一隅にある〔高田馬場仇討《あだうち》址《あと》〕の石碑を見つけ出し、これをクレヨンで写生したりした。

一度行くと、もう安心だ。

そのときの友だちとは、月に一度ほど、高田の馬場へ出かけるようになってしまった。近くには広大な戸山ヶ原があり、陸軍の射撃場もあったし、その向こうは近衛《このえ》の騎兵連隊だった。

早稲田《わせだ》大学をはじめて見たのも、このときで、

「へえ。これが大学っていうのか……」

「おれたちの学校とは、くらべものにならないね」

などといい合い、瞠目《どうもく》したものだが、そのくせ、私たちの町からも近い本郷の帝国大学（いまの東大）を私が見たのは、五、六年も後のことだった。

こうした私だっただけに、自分が住む東京という都会が海にのぞんでいることを、頭で知ってはいても、わが目にたしかめたことはなく、実感がともなわなかった。

子供のころ、深川の親類のところへ、母の使いで度び度び出かけたが、東京湾を見る場所ではなかったので、湾と港の全貌《ぜんぼう》を知ってはいなかった。

冬の晴れた或日《あるひ》に、上野の松坂屋デパートの屋上にいて、彼方《かなた》に富士山を望見した

ときのおどろきを何と形容したらよかったろう。

そのとき、いっしょにいた母の叔父が、「あれは富士山だよ。むかしは、東京の何処《どこ》からでも、よく見えたものさ」

などと説明してくれなかったら、私は到底、信じ得なかったろう。

＊

小学校の五年生のころだったとおもう。

長らく東京に住んでいた母方の親類が横浜の磯子《いそご》へ転居したので、祖母が、

「荷物をもって、ついて来ておくれな。五十銭あげるよ」

といったので、むろん、ついて行った。

上野駅から横浜の桜木町駅までの道程は、とても高田の馬場どころではない。学校の遠足は別として、私にとっては、はじめての大旅行だった。

電車の窓から海が見え、汽船が見え、さまざまなクレーンが見えた。桜木町駅から乗り換えた市電で磯子へ行くまでの間、海はもっと近くせまってきた。

山国の子は、はじめて海を見たときにはびっくりするというが、東京に生まれ育った私だって、そうだったのだ。そして、この年の夏には、母の従弟《いとこ》に連れられて由比《ゆい》

ヶ浜へ海水浴に行き、六年生になっての修学旅行には日帰りで鎌倉《かまくら》見物というわけで、たてつづけに海を見ることになる。

私は小学校を出ると、すぐ、はたらきに出た。

そして三年ほどたってから神田の〔シネマ・パレス〕という小さな映画館で、ジュリアン・デュヴィヴィエの名作〔商船テナシチー〕を観《み》たのである。

〔シネマ・パレス〕は戦後しばらくの間、健在であったが、いまはもうない。むかしは洋画の再映が多かったので、映画ファンがつめかけた。

ともかくも、私は〔商船テナシチー〕に、すっかりまいってしまった。翌日も出かけて観たし、さらに一年後、浅草の映画館で上映されたときも観た。戦後も二度観た。

この映画の舞台は、フランスのル・アーヴル港である。

そこへ、パリからカナダへはたらきに行く二人の若者がやって来るのだが、二人が乗船する商船テナシチー号は故障のため、出帆が半月ほども遅れてしまう。

仕方なく、二人の若者は港ではたらきながら出帆の日を待つのだが、その半月の日々が二人の運命をおもいもかけぬ潮に乗せ、狂わせてしまうのだ。

雨の港のわびしさが、トランペットの音と共に、私たちの胸をしめつけずにはおかなかった。この映画を観てから、私は久しぶりに横浜へ出かけて行き、今度はゆっく

横浜の名所「ホテル・ニュー・グランド」は山下公園に面して立つ

りと、地図を片手に諸方を見て歩いた。

そして、

(東京の近くに、こんなに、すばらしいところがあったのか……)

と、おもった。

それからは何度も出かけた。しだいに深入りをして、ホテル・ニュー・グランドへ泊り、朝から夜までの港を歩きまわり、すこしも飽きなかった。

そのころの横浜のエキゾチシズムを何と語ったらよいだろう。

秋になると港には夜霧がたちこめ、その港の霧が弁天通りのあたりまでただよってい、ペルシア猫を抱いた異国の船員がパイプをふかしながら、霧の埠頭《ふとう》を歩いて来て、自分の船へあがって行くのを見て、わけもなく感傷に浸ったりしたものだ。

朝早く、黒人が馬車にパンを積み、山下通りをゆったりとやって来る。食べたくもないのに、このパンを買ったりしたものだ。

当時の横浜の人びとには、明治以来の開港地の人情と、さっぱりとした気性が濃厚に残っていて、ことに若い女たちの明るい、奔放ともいえる言動と人懐《ひとなつ》っこさが私をおどろかせた。それは東京の女たちにはない、一種、特別なものだったようである。

弁天通りのカフェ〔スペリオ〕へ、よく出かけたのも、そのころだった。この通りにあったスーヴニールの店も落ち着いた店構えで、しゃれたレストランや酒場、骨董《こっとう》店などが立ちならぶ町すじの雰囲気《ふんいき》が、何ともいえぬものだった。

〔スペリオ〕の女給さんたちは、若い私たちをからかいながらも、いろいろと親切にしてくれたし、私たちは鰈《かれい》のフライで白葡萄酒《ぶどうしゅ》をのんだりして、一人前の大人になったような気分だった。豊満な肢体の美しい女性を私は、この店の〔マダム〕だとおもっていた。のちに私が海軍へ入り、横浜航空隊へ配属されたとき、はじめての上陸(休日)の日に〔スペリオ〕へ駈《か》けつけ、東京の我家へ電話したときも、この〔マダム〕がいて、

「あら、正ちゃん。いつ、海軍へ入ったの。あんたなんか海軍へ入ったら、ひょろひ

ょろしていて、死んじまうんじゃない？」

と、やっつけられた。

横浜から東京まで行くことは禁止されていたので、電話で打ち合せをし、つぎの上陸日に、母が海苔巻《のりまき》やら菓子やらを持って横浜へやって来た。まさか〔スペリオ〕へ連れて行くわけにもまいらぬ。そこで山手の外人墓地へ行き、海苔巻を食べ、私は腹に巻いてきた配給のサラシ布を母にあたえた。

＊

数年前の或夜。横浜在住の老友と関内《かんない》を歩いていたとき、いきなり〔スペリオ〕の電気看板が目に飛び込んできた。そこは弁天通りではなく、常盤《ときわ》町の細い通りだった。

「あのスペリオっていう店、もとは弁天通りにあったスペリオですか？」

私が尋ねると、老友は「そうだ」と、すぐに私を案内してくれた。

この夜、マダムは故郷の長崎へ帰っていて、店にはいなかった。そのとき聞いたのだが、弁天通り時代には〔マダム〕ではなかったそうな。戦後、店が、いまの場所へ移ってから女主人になったのである。
〔マダム〕は四年前に長崎で亡《な》くなった。五十八歳だったそうな。亡くなるすこし前に長崎のおくんち祭を見物しているマダム……石川貞の写真が、いま私の手許《てもと》にある。まさに、往年を彷彿《ほうふつ》せしめる明るい笑顔だ。

〔スペリオ〕は、いまも健在である。

伊勢佐木《いせざき》町の古い支那飯屋〔博雅《はくが》〕の店構えも、むかしのままだし、挽肉《ひきにく》に貝柱をまぜた焼売《シューマイ》の味も変らぬ。

それに、曙《あけぼの》町の牛なべ屋〔荒井屋〕も繁昌《はんじょう》している。博雅も荒井屋も創業以来七、八十年になるのではないか。以前の、いかにも牛なべ屋らしい店構えが、近年はすっかり改築されてしまったけれども、何といっても安くてうまい。

いまから十年ほど前、荒井屋では八百円でロース鍋《なべ》を食べさせたし、玉子のついた〔あおり鍋〕は四百円ほどだった。外国人たちもよくやって来た尾上町の〔竹うち〕も、いまは大きなビルディングになってしまい、むかしの、なつかしい店舗に看板だけが残っている。

それから〔スペリオ〕の、すぐ近くにあるカクテル・バーの〔パリ〕も、私には忘れがたい店だ。

〔パリ〕の主人は田尾さんといって、もとは貿易商だったと耳にしたことがある。

むかし、よく横浜へ来ていたころ、私にウイスキーの味をおぼえさせてくれたのは、

中華街の外れの通りからさらに露地を入った所に徳記がある

田尾さんだった。

その田尾さんも、亡くなってしまい、いまは、それこそ往年のスペリオのマダムをおもわせる女性が一人きりで立飲台の向こうに立って、カクテルをつくってくれる。その腕前は相当なものだ。そして店の雰囲気は、むかしの田尾さんのころとすこしも変っていないような気がする。

椅子《いす》もない立飲台だけの、しかも、まことに上品な店である。

戦後になって、私は夜ふけの伊勢佐木町の居酒屋（兼）食堂の〔根岸家〕へ、よく出かけて行き、各国の異邦人と日本の男女が織りなす奇々怪々の世界を垣間《かいま》見ることに熱中した一時期があった。

そのときに得たものは、いまの私の仕事の一部分となって残っていてくれている。

中華街の大通りから一筋外れたところにある支那飯屋の〔徳記〕も、その時期の私が見つけた店だ。あえて、むかしふうに支那飯屋とよびたい。

さびれた裏通りの袋小路の奥にある〔徳記〕のラーメンのうまさは、横浜出身で、明治末期の支那飯屋のラーメンをなつかしがっていた亡師・長谷川伸に、ぜひ、食べさせたかった。亡師は「ラーメン」といわずに「ラウメン」といった。

手打ちの、腰のつよいそばが、いまでも食べられる。

店も改築され、料理の数も増えたが、この店の気やすさと安価でうまい料理にはたくさんのファンがついているのだ。

先日も四、五人で行き、あれもこれもと注文しかけたら、若い女中さんが「まず食べてから、つぎのを注文したらいいヨ。そんなに食べきれないヨ」と、いってくれ、この店の飾り気もない親切さを、われわれは大いにうれしがった。

これからは暇をこしらえて、度び度び、横浜へ行きたいものだ。そして横浜を舞台にした小説を書きたいものだ。

近江《おうみ》・招福楼《しょうふくろう》

「近江の国は、歴史の宝庫である」

などと、いわれている。

それは、日本の地図をひろげて見ると、たちどころに納得がゆくことで、私のように、あまり史料を漁《あさ》って仕事をすることもないものでも、時代小説を書いていれば、どうあっても近江を訪れることになるのである。

私の場合、戦国の時代よりさかのぼった小説を書いたことはなく、古代から近江朝廷のころにかけての興味は、それほどもっていない。

それにしても、北は越前《えちぜん》・若狭《わかさ》の両国、西は丹波から山城、さらに京都から大坂へ通じ、東は伊勢《いせ》と美濃《みの》の国であって、

「……近江の国の中央には琵琶《びわ》の湖《うみ》在って、四山の水、みな之《これ》に帰す」

と、物の本に記されてあるように、戦国の世にあっては、近江を圧することが、すなわち天下を制することへの必須《ひっしゅ》の条件であったといってよいほどだ。

何度も近江へ足を運び、近江の風土と、近江の人びとと親しむにつれ、十年ほど前のことであるが、

（近江へ移住しようか……）

と、考えたこともある。

私が生まれ育った東京は、あの〔東京オリムピック〕以来、人が住む都市ではなくなってしまい、高度成長なぞという、泥くさくて人を小莫迦《こばか》にしたようなフレーズをかかげての、政治家と役人による物心両面の破壊工作が狂暴に急速に進行しはじめたので、

（これはいまに、東京では、水も空気も人なみに摂《と》ることができなくなるのではないだろうか？）

と、おもいはじめたことがある。

そういうと、いかにも大形《おおぎょう》にきこえるが、当時の、あの狂的な破壊を我が眼に見ていれば、端的な表現をして、そうなるものである。

私のように、生まれたときから東京で暮していて騒音にも混雑にも慣れつくし、夏季になっても、

「涼しいところへ行こう」

などと、ただの一度もおもったことのないものが、つくづくと東京にはいられないおもいがしたものだ。

石油ショックで、あの〔気ちがい成長〕も足ぶみをしているけれども、いつ、どんな目に会わされるか知れたものではないという予感が、いまも消えていない。

ちょうど、そのころだったろう。

織田信長《おだのぶなが》が、浅井・朝倉の連合軍と戦った姉川の古戦場の址《あと》を見に出かけて、長浜から国友のあたりを車で通ったことがある。

国友はむかし、鉄砲鍛冶《かじ》があつまっていて、鉄砲という当時の最新兵器を製造していた村だが、このあたりの風景の、特別にすばらしいというのではなく、いかにも落ちついていて、真夏だというのに道沿いの小川には清冽《せいれつ》な水が潺々《せんせん》とながれ、家々のまわりにも水のながれがあり、

「このあたりへ住もうか……」

と、一時は真剣に考えたこともあった。

浅井氏の小谷城や、賤ヶ岳《しずたけ》の戦址や、関ヶ原大戦の戦場址へは何度、足を運んだか知れぬ。

彦根市には、私の老友が長らく住み暮していて、この人は信州の出身なのだが、

「彦根に骨を埋めたい……」

というほどに、近江を愛している。

彦根も落ちついた城下町で、あの大老・井伊《いい》直弼《なおすけ》の曾孫にあたる現市長・井伊直愛《なおよし》氏は、

（むかしの大名というものは、およそ、こうしたものではなかったか……）

と、おもわれるほど、公正無私の……それが当然であるという自然さで市政に当られ、生活をいとなまれている。

封建時代の大名というものに対する現代人の認識は、あまりにも浅い。浅すぎるようにおもわれる。

旧大名の大半は、清らかで、何事につけても領民と領国を先《ま》ず第一に念頭へ置いたのであろう。

何故というに、それでなくては、封建の世というものが成り立たなかったからである。

ちかごろは、めったに行けなくなったけれども、十年ほど前までは京都への行き帰りに、かならず彦根へ立ち寄ったものだ。

袋町の花街にある〔小島〕や〔金亀《こんき》〕の女将とは、いまも、ごく親しくしているし、

小福《こふく》や小橘《こきつ》などの芸妓《げいぎ》と酒をのむ一日は、まことにのんびりとしたもので、亡《な》くなった大佛《おさらぎ》次郎氏も、どこかのパーティなどでお目にかかったりすると、

「彦根はいいですね」

と、いわれた。

たとえば、そのころ、一人旅の若者が、旧井伊家の下屋敷だった〔楽々園〕や〔八景亭〕で食事どきに芸妓をよぶと、翌日は親切に彦根の案内をしてくれたりする。

もっとも、別な意味の〔女遊び〕を目的にする人びとには、彦根は無縁の町といってよいだろう。

＊

近江の八日市《ようかいち》市は、米原《まいばら》駅から出ている近江鉄道で一時間足らずのところにある。

彦根の南方約六里ほどになろうか……。

西方二里に琵琶湖をのぞむ八日市の近くには、佐々木氏の観音寺城址もあるし、織田信長の安土《あづち》城もある。

さらに、蒲生《がもう》の山を南へ越えると、忍びの者の甲賀の里がある。

こうしたわけで、八日市は何度も車で通りぬけたものだが、この町に〔招福楼〕と

奥深い庭に面した招福楼の奥座敷で，最高の懐石料理を味わう

いう料亭があることを、私は、かなり前から聞いていた。

招福楼へ、はじめて入って昼食をしたためたのは、十三、四年前のことになるだろう。

そのときのうまさ、おどろきについては、あらためて書きのべないが、この店の主人・中村秀太良の、料理と接客に対する情熱の見事さは、いまも全く変るところがない。

八日市は、むかし、その名のとおりに〔市《いち》〕が栄えたところで、むかしの本に、

「近江第一の繁昌《はんじよう》の市場である」

と、記されている。

八日市には以前、延命新地《えんめいしんち》とよばれる花街があって、招福楼は、そこのお茶屋だった。

現主人は、つまり、お茶屋の息子に生まれたわけだが、若年のころから調理を好み、茶人としての感覚をもって独自の修行をつんだ。

「料理人として正規のきびしい修行をつんではおりませんので、そのことが、いつも頭をはなれず、何とかして、よい料理を出したいと、そればかりを考えております」

と、主人はいう。

招福楼の門前で。心のこもった接待をする中島と志さんと著者

真底から、そうおもっているのだ。

口先だけで、うまいことをいっているのではない。

それは、招福楼へ来て、奥深い庭に面した旧館の古びた座敷か、または明るく白砂を敷きつめた庭をのぞむ新館の一間へ入り、つぎつぎに、ゆったりと出される料理の一つ一つを味わってみれば、たちどころにわかることなのだ。

その座敷の一間一間にただよう日本の美的感覚と、座敷女中（あえて、接待さんなどとはいうまい。ここの女のひとたちは、座敷女中の名称に誇りを抱いているだろうから）の接待を見れば、主人の神経のくばり方の尋常でないことが、はっきり看取される。

懐石料理といっても、女中たちの接待は実

に気を楽にさせてくれる。

私には、いつも、中島と志という中年の女中さんが軽妙に接待をしてくれ、まるで自分の家で食事をしているような気やすさだ。

この六月の末に、久しぶりで招福楼へ立ち寄ったが、そのときの献立をしるしておこう。

先ず、小さなグラスに氷片を浮かせた梅酒《ばいしゆ》が出る。

前菜　煮梅とあわび、針生姜《はりしようが》を煮こごりにしたもの。

煮物　雲丹《うに》、胡麻《ごま》豆腐、蓴菜《じゆんさい》の清汁《すまし》仕立。

造り　スズキと車海老《くるまえび》に胡瓜《きゆうり》やウドなどをあしらい、氷片を入れた鉢に盛ったもの。チリ酢とワサビ醤油《じようゆ》で食べる。

そのあとへ〔強肴《しいざかな》〕として、オクラをトロロで和《あ》えた緑色の一品がワイン・グラスに盛られて運ばれる。

八寸　八幡巻《やわたまき》に衣《きぬ》かつぎをそえたものと、鮭《さけ》のいぶし巻（中にアボガード）。蓮根《れんこん》の辛子《からし》黄身《きみ》酢《ず》などが、竹籠《たけかご》に美しく盛りつけられている。

焼物　鮎《あゆ》の塩焼（若い料理人が広縁へ炭火を立てた大鉢を運んで来て、焼きたてを食べさせる）。

ここでまた〔強肴〕が出る。夏鴨《なつがも》に加茂茄子《かもなす》をあしらい、青唐辛子の素揚をそえたものだ。これをチリ酢で食べる。

そして、箸休《はしやすめ》に、ワカメと干海鼠《ほしこ》の酢の物に木ノ芽を散らしたもの。ハモと管《くだ》ゴボウとミョウガのふくめ煮が鉢へ盛られて出る。

つぎに、御飯として〔鰻茶漬《うなぎちやづけ》〕と香の物が出て、西瓜《すいか》、グレープフルーツ・ジュース、菓子、薄茶と……管弦の音楽が、しずかに消えて行くかのように、すべての料理が終る。

この間、連れと共に酒をのみ、料理を食べすすめば、たっぷりと三時間はかかるだろう。

これだけの、ゆったりとした時間をかけて料理をたのしむのだから、満腹ではあっても、そのこころよさは得もいわれぬものがある。

以前、私は招福楼について、

「たっぷりと食べて、勘定はというと安くはない。しかし、近ごろもてはやされて、つまらぬものを見る見るうちに高く高くと値上げしてゆく店にくらべれば、招福楼が、それほどに儲《もう》かっていないことが、はっきりとわかる」

と、書いたことがある。

けれども今度行って見て、まさに、

「安い……」

と、感じた。

いまはそれ、町の蕎麦屋の〔もり〕が三百円もする時代なのである。

招福楼の主人の、仕事に打ち込む情熱と、謙虚さと、誠実にはいつも心を打たれる。

ここの料理を食べるたびに、私は、自分の小説へ一つのちからが加わったようなおもいがする。

招福楼へ来て、食べて、勘定をして、胸におもうことは、人それぞれに異なるだろうが、私の場合は料理のうまさをたのしみ、何から何まで堪能《たんのう》して帰京すると、真摯《しんし》な主人の顔がおもい出される。

「よい材料を得ることが、むずかしくなるばかりです」

といった言葉を、おもいうかべる。

渋谷《しぶや》と目黒

二十年ほど前までの私は、日に一度は、かならず渋谷の町を歩いたものだった。

太平洋戦争が終り、航空基地から東京へ復員して来たときの私は、当時の若者のだれもがそうであったように、廃墟《はいきょ》と化した日本の将来と、これからの自分の展望がつかめず、

(いったい、これから何をしたらよいのか?)

途方に暮れたといってよい。

およそ半年ほど、私は何もせずに、ぶらぶらしていた。

この間、退屈しのぎと、自分の胸の中の苦痛をまぎらわせるために書いた戯曲が、Y新聞の懸賞に入選しなかったら、今日の私の仕事は成立しなかったろう。

少年のころから芝居が好きだった私は、生まれてはじめて書いてみた戯曲が、一応はみとめられたことになったので、

(これなら、努力しだいで、芝居が書けるようになるのではないか……?)

と、おもった。

Y新聞では、翌年も戯曲の懸賞募集をするという。

私は、翌年もまた、応募することに決めた。入選した戯曲が、選者の一人だった村山知義《ともよし》氏にみとめられ、新協劇団の地方公演に採りあげられたことも、私に希望をあたえてくれた。

その芝居は〔雪晴れ〕というのだが、復員したばかりの若き日の宇野重吉や、岩下志麻の父・野々村潔などが出演した。

こうして、これからやろうとすることが決まると、私の重い腰も、ようやくにうごきはじめた。

「戯曲を書くために、はたらく……」

その道を得なくてはならない。

当時は、終戦直後のことで、男の手が非常に少なかったところへ、あの〔発疹《はっしん》チフス〕の大流行となった。

この伝染病は、リケッチア(病原体)によって起る熱病で、約十日の潜伏期の後に、めまいや悪寒《おかん》、頭痛、吐き気がはじまり、高熱を発し、死亡することも少なくない。

ために、先《ま》ず、病原体を媒介する虱《しらみ》を撲滅しなくてはならない。

米国進駐軍の指導によって、保健所は、たくさんの作業員を募集した。

私は、すぐさま応募した。

他に職業をえらぶこともできたのだが、もともと机上の仕事は性に合わなかったし、この防疫《ぼうえき》作業なら、復員した自分にとって意義があるとおもった。

浮浪者と民家の消毒に明け暮れる日々は、それから数年つづいた。ことに私がいた下谷《したや》保健所は、あの上野駅・地下道を担当していたので、昼夜の区別なく、激しくはたらいたものである。

進駐軍が去ったのち、私たちの一部は正式に都庁職員に採用され、今度は私たちが、学生アルバイトの諸君を連れて防疫作業をすることになった。

約六年後に、私は板橋保健所へ転勤し、間もなく、今度は、目黒の税務事務所へ廻された。

防疫作業と、地方税の徴収とは、まったく次元のちがう仕事だったが、一日中、役所からはなれ、外を廻ってする仕事という点では同じだ。

そのころの私は、年に一度か二度、新国劇で自分の脚本を上演するようになっていたし、ラジオ・ドラマも書いていた。

いずれは、ペンだけの生活に移るつもりでいたから、私は昇進試験などは、まったく受けなかった。なんといっても外まわりの仕事がよく、それに、当時の上司と同僚があたたかい理解をしめしてくれたことが忘れられない。

それだけに、役所の仕事だけは、一所懸命にやった。そのころの私は日に四時間ほどしか眠らなかったろう。だから、役所へ帰って来て机の前にすわると、居ねむりばかりしていたものだ。

朝、役所を自転車で出て、滞納税金をあつめてまわる。

昼になると、そのまま自転車で渋谷へ出て昼食をする。これが毎日のたのしみだった。

東急デパートの食堂や、百軒店《ひやつけんだな》のカレーの店〔ムルギー〕や、その前の〔アラスカ〕の出店などへ、よく出かけた。

渋谷の金王八幡《こんのうはちまん》前のマンションの一階にある長崎料理の〔長崎〕を見つけたのも、そのころだったか……或《ある》いは、私が役所を辞めたのちのことだったかも知れない。

長崎の名物〔皿饂飩《さらうどん》〕と〔チャンポン〕を、東京で食べさせる店は何軒もあるし、私も諸方で、この長崎名物を味わっていたし、本場の長崎でも食べていたけれども、この店の皿饂飩とチャンポンが、私には、もっともうまかった。

二十年近く前の金王八幡のあたりは、渋谷と青山をむすぶ道路とビルディングの発展以前の静けさが残っていたものだ。

このあたり一帯の高台は、平安朝末期のころから戦国中期にかけて、渋谷氏の居城があったところだ。

(こんなところで、商売が成り立つのだろうか……?)

と、おもったが、ともかくも、この〔長崎〕の二品を食べたら、また行きたくなるのである。

最近、五年ぶりに出かけてみたが、依然、味に変りはない。変ったのは値段だけで、これは「変るな」というほうがむりだろう。

つづけざまに三度ほど通い、大いに満足した。

別に愛想もない小さな店だが、いまは、しっかりと常客がついている。

チャンポンの中華麺《ちゆうかめん》とちがうところは、灰汁《あく》の上澄《うわずみ》を入れて練った麺を使うことだろう。鶏のスープと野菜、豚肉で煮込んだ〔チャンポン〕もよいが、麺をラードで焼いて鶏のスープへ浸《つ》けたものへ、具をかけまわした〔皿饂飩〕は、それこそ、毎日食べても飽きぬ。

そして、この店で出す可愛《かわい》らしい〔一口ギョーザ〕が、私は大好きである。

とんきの大きな調理場を囲むカウンターには今日も多勢の客が

＊

終戦後の私は、目黒と品川の境いにある町に住みつづけている。

都庁につとめていたころの私は、保健所のときも税務事務所のときも、国電・目黒駅から、毎朝、役所へ通った。

だから目黒駅の、いまの駅ビルの一角にあった、とんかつの〔とんき〕や、中華料理の〔香港園〕を見出《みいだ》すのに、それほどの時間がかからなかったのである。

中でも〔とんき〕の躍進ぶりは目ざましかった。

以前の、国電の線路を背にした崖《がけ》上の小さな店へ押しかける客たちの、満足感にあふれた顔を、私はいまも忘れることができない。

それは、敗戦の廃墟《はいきょ》から、東京が復興して行き、都民たちの顔が飢えからよみがえり、活力を取りもどして行く過程と見事に、

「歩調を合せて……」

いたのである。

そのころからの〔とんき〕ファンだった歌舞伎《かぶき》俳優の故・市川中車は、生前、私に〔とんき〕のことをほめたたえたあげく、

「私は、とんき以外のとんかつはみとめない心境ですよ」

とまで、いいきった。

ま、人それぞれの好みはあるにしても、ともかくも〔とんき〕のとんかつを食べて、

「まずい」

という人はいないだろう。

半袖《はんそで》の白いユニホームを身につけて、潑剌《はつらつ》と立ちはたらくサーヴィスの乙女たち。

新鮮なキャベツがなくなると、彼女たちが走り寄って来て、さっ、とおかわりのキャベツを皿に入れてくる。

「ああ、もう、ここへ来ると、キャバレーやバアへ行く気がしなくなります」

といった中年の客もいる。

みがきぬいた清潔な店内。

皿の上でタップ・ダンスでも踊りそうに、生きがよいカツレツ。

私は先ず、ロース・カツレツで酒かビールをのみ、ついで串《くし》カツレツで飯を食べることにしている。

いまの〔とんき〕は、旧店を駅ビルのために捨てて、目と鼻の先に、これまでの小さな木造建築とはくらべものにならぬ立派な店を構えているが、よく見ると、主人《あるじ》の心構えの少しも変らぬことが、店構えにも店内の造りにも看《み》てとれる。

乙女たちのダイナミックなサーヴィスも、まったく変らぬ。

この店に長らくつとめた男女の店員の中で、支店をまかせられている人たちも少なくないらしい。

〔とんき〕で食べて、勘定をはらって、心身に満足と愉快をおぼえぬ客は、先ずあるまい。外国人の熱狂的なファンも多い。

私は〔とんき〕の主人が、どのような経歴の人であるかを知らぬけれども、転変ただならぬ戦後の約三十年間を、誠実な商売でつらぬき通してきて、それが、むかしもいまも客層の圧倒的な支持を得ているのは、それこそ、まことに、

「徒《ただ》ならぬ人……」

という気が、私はしている。

いまの店は、大きな調理場を囲むカウンターで食べるわけだが、たとえ満員であっても、席がひろいだけに、さほど待たなくてもすわれるようになった。

二階にも椅子《いす》席がある。

数年前までの私は、夕暮れになってから〔とんき〕へ行って食事をし、それから渋谷へ映画を観《み》に行くことが多かった。

いまは、ある雑誌の映画のページをもっているので、試写で観てしまうものだから、渋谷へ行くこともなく、したがって〔とんき〕へも、なかなか足を運べないのだ。

近年の目黒の変貌《へんぼう》には、近くに住む私どもでさえ、目をみはってしまう。

その中で、以前の目黒のままに変らぬのは国立自然教育園の宏大《こうだい》な樹木の茂りと〔とんき〕だけなのかも知れない。

マンションが諸方に屹立《きつりつ》し、巨大な駅ビルが建ち、この町に住み、この町を歩む人びとの姿も変った。

しかし、目黒の、

「おもいもかけぬ場所に、おもいもかけぬ店……」

が、あるものだ。

昔の目黒の町の姿を偲ばせる，つつましやかな一茶庵の店構え

目黒駅のすぐ近くの、むかしの目黒の町の姿がしのばれる細道の中に、木造二階建の、つつましやかな店がある。

これが蕎麦屋《そばや》〔一茶庵《いっさあん》〕だ。

細長いのれんが軒先にかかっているのを見逃したら、それと気がつかぬだろう。昭和初期の、どこの町にもあった仕舞屋《しもたや》そのものなのだ。

だが、この仕舞屋では商売をしている。

格子《こうし》戸を開けて、仕舞屋そのものの部屋へあがりこみ、蕎麦を食べる。

この家は、関東大震災にも、太平洋戦争にも焼け残った家なのである。

揚げたての〔天ぷら蕎麦〕もよいが、自慢の〔三色蕎麦〕もうまい。

ここへ入って蕎麦を食べていると、

「東京にいることを、忘れてしまう」

という人もいる。

京都・南座界隈《かいわい》

京都の四条通り……その、鴨《かも》川から東へ、祇園《ぎおん》の社（八坂神社）の西の楼門へかけての一帯は、むかしむかしから現代に至るまで、京都随一の歓楽地帯であるといってよい。

この祇園社の門前町は、鎌倉《かまくら》の時代《ころ》から繁栄していたのだが、その後の、百年にもわたる戦国時代に、京都はすっかり荒廃してしまい、ついに、祇園界隈も、〔祇園村〕とよばれる一閑村にすぎなくなってしまったのである。

だが、京都町民のエネルギーが、京都再興の象徴といってもよい〔祇園祭〕に結集し、このため、人びとの祇園社参詣《さんけい》も、しだいにさかんとなった。

したがって祇園社の門前町も、旧に倍するにぎわいを取りもどし、長い長い戦乱の世がしずまってのちは、皇都最大の歓楽地帯となった。

江戸時代に入ると、四条の、鴨川の中洲《なかす》や河原には、いろいろな見世物小屋や物売りの屋台がたちならび、その東岸の四条通り一帯には歌舞伎《かぶき》芝居や人形芝居などの劇場と、これに付随する芝居茶屋や水茶屋、飲食の店々が、びっしりと軒をつらねていた。

このあたりが、京都の芝居町であった。

私たちは、その名残りを、現代の南座に見ることができる。

上方浄瑠璃《かみがたじようるり》の大成者で、のちに義太夫《ぎだゆう》ぶしの始祖となった竹本義太夫の師匠にあたる宇治嘉太夫《うじかたゆう》は、江戸時代の初期に、四条で操り人形芝居を興行して、太夫（浄瑠璃の語り）と座元を兼ねていた人であるが、この人の語りものに〔四条河原涼八景《すずみはつけい》〕というのがある。

そのころの情景が、よく出ているので、その一節を写してみよう。

春すぎて、青葉の梢《こずえ》涼しげに、茂る木の間の花うつぎ、夏のながめもこと国に、似るべくもなき九重《ここのえ》の、京の水ぎわ立ちつづく、四条河原のにぎわいは、八雲立つてふ御歌の……（中略）一むらの竹の東雲《しののめ》も、やや明けわたす槇《まき》の戸の、音羽の山にこだまして、ひびく芝居の朝太鼓。

とあって、つぎに芝居茶屋の女たちが通行の人びとへ札《ふだ》（入場券）を売りすすめる

情景があり、さらに、

「……さてまた涼みの夕景色、木に蛙《かわず》の声たてて、的矢《まとや》の篝火《かがり》うちけむり、かなたこなたに灯《ともしび》の、やや見えそめつつほどもなく、東石垣、西にはまた先斗《ぽんと》につづく石垣町の、軒にいさかう釣行燈《つりあんどん》。上は三条橋の下、下松原のこなたまで、ながれにつづく水茶屋は……」

と、ある。

こうした約三百年ほど前の情景が、つい二十年前までの京都の四条・鴨川の周辺には、かなり色濃く面影をとどめていたのだ。

この、京都が誇る情景を損ねるようなものは、京都の人びとが一切うけつけなかったといってよい。

それが、東京オリムピックを境いにして、見る見る京都は変貌《へんぼう》しはじめた。

東京の〔毒〕が、京都を侵しはじめたのである。

東京のというより、日本の〔毒〕といったほうがよい。現代の東京は、日本の〔象徴〕なのだから……。

〔京都も、いまのうちだぞ〕

と、私が寸暇をぬすみ、年に何度も京都へ足を運んだのも、そのころだった。

私は、師走《しわす》の京都が好きだ。

一年の終りの仕事をすべてすまし、十二月の二十日ごろに京都へ入り、ぶらぶらと五日ほどをすごすのが、何よりのたのしみだった。

南座の十二月は、東西の名題役者が競演する〔顔見世〕で、その〔招き看板〕が飾られ、むかしの京の女たちは、年に一度の顔見世芝居を見るのを唯一《ゆいいつ》のたのしみとして、その年のはじめから、つつましやかに貯金をするのだという。そうした女の、いじらしいこころは、もはや、あまりにも古めかしくなってしまったにちがいない。

そのかわり、現代の女も男も、ほんとうの〔たのしみごころ〕を味わう術《すべ》をうしなってしまった。あるものは、どこまで行っても尽きることのない〔不満ごころ〕のみの日本になってしまった。

＊

いまは小説が本業となってしまった私だが、むかし、芝居の仕事をしていたころ、東京・大阪・名古屋の大劇場のほとんどに、自分の脚本・演出の芝居の幕を開けたけれども、京都・南座だけでは一度もない。そのかわり、稽古《けいこ》には何度か来た。

つまり、劇団が南座に出演していて、次の月の東京公演にそなえての稽古というこ

三代・七十年続いた蛸長は，多助のならび団栗橋のたもとにある

とだ。

南座の楽屋は天井の裏にある。

楽屋を歩いていても、何となく、底が抜け落ちてしまうような気もちがして、うす気味がわるかったものだ。

南座と鴨川にはさまれた川端の道に鉄板焼の〔多助〕だの、おでんの〔蛸長《たこちよう》〕だのを見つけたのも、そのころだった。〔多助〕の鉄板焼は、徒《ただ》の鉄板焼ではない。

このあたりの、どこにも見かける小さな民家の、これも小さな軒行燈と〔多助〕の二字をしるしたのれんだけの、まことにもってすがすがしい店構えである。

おそらく、鉄板焼というものは、この店が開祖ではないか。昭和十一年の創業なのだ。

鉄板といっても、それは、この店の主人が

工夫した、分厚くて、まるいもので、縁《ふち》が溝《みぞ》状になっている。これを火にかけて熱してくると、独特の出汁《だし》をながし、新鮮な魚介や野菜、合鴨《あいがも》などを、あぶり焼きにして、大根おろしで食べる。

これをはじめて食べたときは、うまくてうまくて、私も若かったし二人前は軽く食べられるかとおもったが、あるじは、

「いや、むりではないでしょうかな」

と、いった。

なるほど、一人前で腹いっぱいになる。それほどに食べやすくて、濃《こく》があるのだ。

京の民家の茶の間で、あるじと、その家族の接待で、最高の材料を使った〔てっぱん焼〕なのである。こういう店で、このような食べさせ方をするわけだから、当然、客も限られてしまう。それで、ちょうどよいのだ。客座敷は二つしかない。だから、宣伝もしない。

「気ままにやらせて貰《もろ》うてます。跡をつぐものもおりまへんしな」

と、あるじはいう。

新鮮な材料を苦心して仕込み、その味を活《い》かすという一事につきている多助の〔てっぱん焼〕の鉄板の文字は、看板にも平仮名にしてある。そこに、この店の誇りが感

じられる。ここのあるじは、富山県の出身で、むかしは会社員だったそうな。

今度、久しぶりに行ってみたが、味は少しも変らぬ。

変ったのは、私とあるじの頭が白くなったことだけだった。

〔多助〕を出て、その少し先の、団栗橋《どんぐり》の前に、おでんの〔蛸長〕がある。

むかし、私は、ここへ来て、京の野菜を〔おでん〕で食べるのが大好きだった。

そのころ若々しかった主人も、今度行ってみると、でっぷりと肥え、いかにも、この店にふさわしい主人ぶりになっていた。

〔蛸長〕も、いまのあるじで三代目だ。もう七十年もつづいている店だ。

箸《はし》でちぎれるようにやわらかい明石《あかし》の真蛸が名物だが、何から何まで、すべてうまい。

時分どきは満員である。

これも多助の〔てっぱん焼〕と同様に、一口に〔おでん〕といっても、七十年の貫《かん》禄《ろく》があって、昨日今日に、店を出した〔おでんや〕とは、まったくちがう。

観光客が絶えた十二月の京都の町には、京都の人びとしか、目につかなかったものだ。冷え冷えとして、ときには粉雪が舞っているような夜に、蛸長のおでんで酒をのむのは、まったく、たまらなかった。

種々の釜御飯がうまい花見小路の由良之助は，一力の隣にある

釜《かま》めしの〔由良之助《ゆらのすけ》〕も、そのころに見つけた店だ。

そのころは、縄手《なわて》の四条下ルところに店があったが、いまは、祇園の一力《いちりき》のとなりへ移り、新装開店した。

〔一力〕と〔由良之助〕が並んだのだから、まことに打ってつけの場所を手に入れたものではないか。

先年の夏の、猛暑の午後に、久しぶりで訪れてみて、以前の小さな店をなつかしがってみたけれども、むかしのままの味で、私をよろこばせた。

名物は〔釜御飯〕なのだが、刺身もいいし、何でもうまい。

むかし、縄手の小さな店のころ、冬の最中《さなか》に馬関雑炊《ばかんぞうすい》を食べたことがある。いまも、やっているだろうか。

フグの雑炊なのだが、由良之助のは実にきれいに仕上がっていたものである。

〔釜御飯〕は、海老《えび》、カニ、蛤《はまぐり》、穴子などいろいろとあるが、私は何といっても飯蛸《いいだこ》の釜めしが好きだ。

飯にまざった蛸の歯ざわりが何ともいえない。

多助・蛸長・由良之助と、三つの店をならべてみると、私の脳裡《のうり》には、どうしても師走の京都のイメージしか浮かんでこない。

寺社をめぐって歩いたのも、十二月だった。

そのころの寺社は、観光バスを連ねてやって来る人びともいないし、落ちついて、ゆっくりと見て歩くことができた。

顔なじみの古書廛《てん》へ入って、茶をよばれながら、私の仕事の資料をゆっくりと漁《あさ》るのも、この季節だった。

ホテルで、朝もおそく起き出て、ポットのコーヒーをゆっくりとのみ、さて、外へ出て、河原町を歩きながら、

（今日は、何処《どこ》へ行こうかな……？）

と、おもうときの、こころのゆとりは、私にとって、かけがえのないものだった。

一年中、一日の休みもなしにはたらいてきた私の休暇は、十二月の下旬に決まっていたのである。

買物をしたりしながら、四条へ出て、鴨川をこえ、南座の〔招き看板〕を見上げながら、祇園社の方へ歩いて行くと、顔見世に出演している尾上梅幸が、東山の裾《すそ》の定宿から出勤して来るのに出合ったりする。

この人も散歩が好きらしい。

そのころはまだ、梅幸さんとのつきあいがなかったので、すれちがって、祇園社へ向かいつつ、

(昼飯は何処へ行こうかな?)

と、考える。

数年前までの、それが私の師走の休暇で、新しい年が開けると元旦《がんたん》から仕事にかかったものだ。

銀座界隈《かいわい》

いま、或《あ》る出版社の講演旅行で、東海道の富士市に来ている。

今日から四泊五日、東京を留守にするわけだが、その間に、観《み》たい映画の試写が三つほどあって、これを観られぬのが何ともさびしい。

ここ数年、私は或る月刊誌に映画の読物を連載しているものだから、一週間に三度ほど各社の試写室へ出かける。

試写は午後の一時と三時に別れておこなわれるわけだが、一時のときは午前十時半に目ざめなくてはならぬ。夜半から明け方まで仕事をしている私にとって、これは、かなり辛《つら》いことなのだが、映画の試写となると、何とか起き出すのは、われながら、映画が好きなのだろう。

洋画の試写室は、ほとんど銀座から新橋にかけての周辺にあって、だから、たとえば午後三時の試写のときは、少し早目に家を出て、銀座を歩いてみる。自分の買物を、このときにするわけだが、デパートの食料品売場や、食堂の陳列ケースの中の料理の見本と、その値段を何となく見てまわるのもおもしろい。

そこには、世の中の移り変りが歴然と看《み》てとれるからだ。

三時の試写が終って、ときには何か食べることもあって、さて、それから、

(どこかで、一杯のんで行こうか……)

と、以前は足を伸ばしたものだが、このごろは、もういけない。
四、五年前までは、五合ほどの酒をのみ、深夜に帰宅したところで、一時間もすればば机に向かって仕事ができたものだ。それがいまは、ちょっとのみすごすと、一度に、たまっていた疲れが出て来て、仕事にならなくなってしまう。
なじみの酒場へも、ちかごろは、ほとんど行かなくなった。もっとも、映画の試写へ行くことをやめてしまえば、そのぶんの時間を、夜の銀座へまわすこともできるだろうが……。

また、朝早く起きて昼までに仕事をすましてしまえば、午後から夜にかけては自由になるのだし、そうしたいと何度も試みてみたが、やはりいけない。

これは、むかし、まだ役所勤めをしていて、昼はたらき、夜ふけから明け方まで小説なり脚本なりを書いていた習慣が根強く残ってい、私のみか、家庭の生活も、これに調子を合せ、二十余年もの歳月が経過してしまうと、なかなかに変えられるもので

はないのだ。

うっかり変えたりすると、気持ちよりも、自分の躰《からだ》のリズムが狂ってしまい、仕事の調子が崩れる。

私の場合は、自分の仕事のリズムを損ねないために、たとえばスポーツの選手と同じような考え方で、先《ま》ず、躰の調子を狂わせぬようにしなければならぬ。

若いころは別だ。

どんな無理にも変化にも、堪えて行けるものなのである。

五十をすぎると、人生の〔残り時間〕も、高が知れている。

「まだ、二十年もありますよ」

という人がいるけれども冗談じゃあない。

二十年なぞという歳月は、それこそ、

「あっ……」

という間にやって来て、過ぎ去ってしまう。

これからの私のすることは、もう限られている。

三つも四つも、ちがうことを平行してやってのける体力も気力もない。映画が観たければ夜の飲酒をつつしまなくてはならぬ。夜になってぶらぶら歩きまわりたいなら、映画を捨てねばならぬ。

そこで二つをハカリにかけると、どうしてもその、映画の方に重量がかかってしまうのだ。

＊

昭和のはじめの、私が少年のころ、株式仲買店の店員だったとき、株券の書換手続きのために、丸の内の会社まわりを自転車ですることが多かった。

そんなときは早目に用事をすませ、銀座へ出て、資生堂のチキン・ライスだの、モナミのカレー・ライス（これは実にうまかった）や〔エスキーモ〕の新橋ビユウテイと称する三色アイス・クリームだのを食べるのがたのしみだった。

夏になると、八丁目の天ぷら屋〔天國《てんくに》〕へ行く。

そのころ、天國の天ぷら御飯もお刺身御飯も五十銭だった。

夏になると、器の底に氷片を置き、ガラスのスダレを敷いた上に、マグロやイカの刺身がもりつけられ、小さなお櫃《ひつ》に温飯。お椀《わん》と新香がついての五十銭は、同じ値段の刺身御飯にしても、上野や浅草とはちがう小綺麗《こぎれい》さで、

（やっぱり、銀座だなぁ……）

と、おもったものである。

電車通りの向こう側の、千疋屋《せんびき》の近くに〔三昧《さんまい》堂〕という本屋があり、月曜日になると、会社廻りの帰りに三昧堂へ行き、好きな本を二、三冊買ってから〔天國〕へ入り、それをパラパラとひろげて見ながら〔天ぷら御飯〕か〔お刺身御飯〕を食べるのが、小僧のころの私のたのしみだったものだ。

〔天國〕へは、いまも、よく行く。

いまの私は、ここの天丼《てんどん》だ。

（すこし、腹がくちいな）

と、おもっても、ここの天丼だと、すっと腹の中へおさまってしまう。

やはり、むかしから食べ慣れた味だからなのだろう。

たまさかに、

（今夜の仕事は、そう骨が折れない）

そうおもうときは、鮨《すし》屋で酒をのんで帰る。そんなときに行くのが〔寿司幸〕と〔菊鮨〕である。

〔寿司幸〕は、古くから新橋にあった店で、現在の銀座・数寄屋《すきや》通りへ新しく店を構

客への「こころづかい」がうれしい数寄屋通り・寿司幸の店構え

えたのは昭和二十五年だという。

私が、この店へ、はじめて入ったのは、それから十年ほど後のことだ。

その後、しばらく行かなくなり、また近年行くようになった。

この店へ来て、先ず感じることは、店の主人の、客へ対する〔こころづかい〕である。

それは、単にサーヴィスということだけではない。

この店で出す酒の肴《さかな》、鮨のありように、私は、その〔こころづかい〕を感ずる。

では、その〔こころづかい〕の実体が、どのようなものかということを文字にしてあらわしてしまっては、かえって味気ないことになるだろう。

行って、食べて、勘定をはらってみれば、だれの目にも舌にも、たちどころにわかることだ。

私は、だまって坐《すわ》り、主人が見はからって、次から次へと出してくれる気のきいた肴で酒を三本ほどのみ、それから握ってもらう。このときも向こうにまかせてしまう。

この店の、特にコハダはうまい。新子《しんこ》が出まわるときの、ごく短かい一時期を舌なめずりをして待ちかまえている客もいるそうな。

この店の先代の主人・故杉山宗吉が著わした〔すしの思い出〕一巻、単に鮨だけのことではなく、明治から大正にかけての貴重な風俗史でもあり、私を大いによろこばせてくれたものである。

さて……。

〔菊鮨〕のほうは、かねて知人からすすめられていた店だったが、ひとりで、はじめて出かけたとき、私は、その知人の名前をいわなかった。

去年亡《な》くなった先代の細井美智雄は、裏表のない、まことにさっくりとした人柄であって、この人が亡くなったときは、常客がみな悲しんだ。

おかみさんともども人情に厚い東京人《びと》を、そのまま、

「絵に描いたような……」

夫婦だった。

いまは、二男が跡をついで、二代目になったわけだが、私にとっては、この二代目の鮨のほうが、好みに合うような気がする。

先代もうまかったが、私の口には二代目のほうが合う……と、こう書いても、きっと先代は目を細めてよろこんでくれるにちがいない。

この店のハマグリ……これだけは、どこの鮨屋でも、私はまだ見たことがない。

柚子《ゆず》の香りがただようハマグリの煮つけのうまさは、まったく、私にはこたえられ

ない。

＊

いま、講演旅行の最終日の福知山市から、京都の旅宿〔大文字屋〕へもどったところである。

この稿を四泊五日の旅行中に、少しずつ書きついできたわけだが、どうやら全部を書き終えて東京へ帰れそうだ。

夜の京都は、中心部以外の町すじに、ほとんど車輛《しゃりょう》の影が絶えてしまう。

東京も、ちかごろはそうなった。

銀座も浅草も、九時ともなれば、表通りは、

「火が消えた……」

ようになってしまう。

少年のころ、はじめて銀座の灯火を見たときのおどろきは、いまも、よくおぼえている。

その美しい華やかな灯火は、私の生まれ育った東京の下町にはないものだった。

バタくさいというか、ハイカラというか……灯火のみならず、夜の銀座の通りにた

なつかしい昭和初期の洋食の匂いを残す銀座の老舗・煉瓦亭

ちこめている匂《にお》いまでが異っていた。

少年のそのころからなじんだ店で、いまも食べに行きつづけている店といえば、資生堂に天國、それに洋食の〔煉瓦亭《れんが》〕だろう。

この洋食の草分けといってもよい店の大カツレツは皿からはみ出してしまうほどだが、十六、七歳のころの私は、これを三人前は平《たい》らげたものだった。いまは一枚も危いだろう。

いまの私は、小ぶりのポーク・カツレツが二枚盛りつけられてくる〔上カツレツ〕を食べる。

いまも、煉瓦亭の階段をあがって行くとき、二階からただよってくるうまそうな匂いこそ、昭和初期の洋食の匂いにまぎれもない。

現在、こういう匂いがする洋食屋は、煉瓦亭のほかに私は知らない。

銀座の老舗《しにせ》中の老舗だ。

その良心的な商法は、むかしの銀座の一面を、たしかに偲《しの》ばせてくれる。

私は、いまの店よりも、十数年以前の〔曲木《まげき》のダイニングチェア〕をならべた店内の雰囲気《ふんいき》が好きだった。いかにも、この店の料理に似合っていたからだ。

煉瓦亭の名物は、いうまでもなくカツレツなのだろうが、私は、この店の〔ハヤシ・ライス〕も好きである。

こってりと煮込んだのではなく、客へ出す間ぎわに、肉と野菜をさっと炒《いた》め、ブラウン・ソースと合せるのではないかとおもう。

むかし、子供のころに〔ハヤシ・ライス〕をはじめて食べたときのうまさは、私の年代の人たちなら、いずれもおぼえているにちがいない。〔ハヤシ〕は〔ハッシュ〕の意味なのだろうが、いかにも明治・大正の洋食の匂いがする。


こうして、日中から夕暮れにかけての、銀座で入る店といえば、ごく限られたものになってしまう。

銀座にも、つぎからつぎへと新しい店ができる。

その中でも、東銀座の〔アラ!〕は、いま流行のパブ・スナックなのだが、若い青年たちのサーヴィスがキビキビとして気持ちがよく、コーヒーもうまい。
これが夕暮れになると西洋風居酒屋に変る。
ひろい店内の、のびのびとしたカウンターもよいし、なんといっても安い。
スコッチやバーボンの安さといったら、それこそ、
「こたえられない……」
のである。

信州ところどころ

私が、先《ま》ず、信州へ足を踏み入れたのは、上高地が最初である。

いまの人で知っているものは少なくなったろうが、戦前のそのころ、木下仙という作家がいて、上高地の大自然を背景にした都会の若者たちを軽妙なタッチで描いた。

私どもが上高地にあこがれたのは、その木下仙の小説からだった。

その前から、私は武州の低い山々を歩きまわっていたし、名にし負う徳本《とくごう》峠の難所も、

(何とか登り切れるのではないか……)

と、おもった。

現代の上高地は、松本からタクシーで、それこそ「あっ……」という間にドライヴ・ウェイを突走り、到着してしまうが、当時は、松本から島々《しましま》まで電車で入り、そこから徒歩で徳本峠を越えなくては、上高地へ入れなかったのである。

峠と一口にいうが、徒《ただ》の峠ではない。

いま、おもい返してみると、登っている自分の躰《からだ》が、さかさまになってしまうかのような激しい登りだった。

そのかわり峠をのぼり切った途端、眼に飛び込んできた北アルプスのすばらしい景観には、まったく息をのんだものだ。

それは、東京に生まれ育ち、あまり他国を知らなかった私にとって、

(これが日本なのか……日本の山々なのか?)

ただもう、アルプスの景観に度肝をぬかれ、茫然《ぼうぜん》と立ちつくしたのである。

苦しい徳本峠を登るのは嫌だったが、その後、もう一度、上高地へ入ったのも、このときの感動がよほどに強烈だったからだろう。

この前後二回の上高地行で、私は、穂高と燕《つばくろ》の二山に登った。

そうした折の行き帰りには、松本へ出るわけだが、この町をゆっくり見たり歩いたりすることもなく、松本城を一度見たきりで、いつも素通りにしてしまい、泊るとすれば浅間温泉か下諏訪《しもすわ》だったのだ。

松本の町に親しむようになったのは、戦後からである。

ことに、芝居の脚本を書くようになったり、小説を書くようになってからは、仕事の素材を信州に得ることも少なくないので、それこそ、数え切れぬほど信州の諸方を

松本を訪ねる若者たちにも人気のある蔵造りの珈琲店「まるも」

歩きまわるようになった。

松本と長野の両市は、そうしたときの私の〔基地〕だった。

松本の〔三河屋〕で、馬肉の刺身や、鍋《なべ》を食べるのも、たのしみの一つだった。

さすがに、馬肉《さくら》を〔名物〕にする土地柄だけに、少年のころから東京で食べ慣れていた馬肉だが、調理の方法にしろ、味つけにしろ、どこかちがう。

これはやはり、長年の蓄積が物をいっているのだろうし、馬肉そのものも、松本で食べるのが、いちばんうまいような気がした。

蔵造りの〔まるも〕のコーヒーもよかった。この店は旅館もしていて、一度だけ泊ったことがある。

中華料理の〔竹乃《たけの》家《や》〕を見つけたのも、そのころだった。

シューマイ、五目ヤキソバ、酢豚、チャーシューメンなど、私どもが、いつも食べ慣れている、そうしたポピュラーな料理が図抜けてうまいのだ。

それは、どういうところからきているのだろう。つまり、叉焼《チャーシュー》ひとつを取ってみても、いまだに、炭火による竈焼《かまどやき》という本格的な製法をくずさぬからだ。一事が万事である。そばも自家製だし、すべてに念が入っている。

いまの主人は二代目なのだが、創業五十年にもなる古い店で、松本に住む人びとで、竹乃家を知らぬものはあるまい。

＊

むかしの……といっても、つい、十五年ほど前までの長野市は、いかにも信州の都市らしい落ちつきの中に、戦前の東京を偲《しの》ばせる一種のモダンな香りもただよってい、蔵造りの堂々たる商舗が立ちならぶ傾斜状のメーン・ストリートを、正面の彼方《かなた》に善光寺の大伽藍《だいがらん》をのぞみながら、ゆっくりと上って行く気分は、まことにこころよいものだった。

二十年ほど前に、駅前から電話をして、はじめて泊った旅館・五明館《ごめいかん》は私の定宿となってしまうほど、清潔で食事がうまくて、人なつかしげな宿で、この五明館が経営している〔銀扇寮《ぎんせんりよう》〕で食べさせるものは、みんなうまい。だれを連れて行っても満足してもらった。

旅館のほうに泊っていて、ビーフ・ステーキやアイス・クリームなどを取り寄せることもできる。

リンゴの盛りのころの夕方から宵ノ口にかけて、旅館を出て善光寺の楼門を入って行くと、夕闇《ゆうやみ》の中にリンゴの香りが濃密にただよっている。露店のリンゴ売りが、ま

爽やかな味が好評の長野・風月堂の銘菓「玉だれ杏」

だ店を出しているのだった。

そうしたとき、しみじみと、

（ああ、信州へ来た……）

と、おもわずにいられなかったものだ。

散歩の帰りに、風月堂の〔玉だれ杏《あんず》〕を買って来て、夜ふけの宿で食べるのも、信州の旅らしい。

朝になると、五明館のハムとタマネギのオムレツで、先ずビールの小びんだ。

それから宿を出て、取材に松代《まつしろ》へ通うこともあったし、戸隠山へ出かけたり、ぶらぶらと町を歩くこともあった。

当時の長野の町は一歩、裏へ入ると、空気が清冽《せいれつ》で、草木や花の匂《にお》いが微風に乗ってながれてくる。

たまさかには、かしわや〔一茶庵〕へ入っ

てネギと辛子《からし》をあしらった醤油《しょうゆ》豆で、ゆっくりと酒をのんだり、駅近くの小さなレストラン〔弥ぐるま〕で、ポーク・カツレツにビールというのもよかった。

〔弥ぐるま〕の主人は、むかし高校の先生をしていた人だ。

戦後に長野へもどって来て店をひらいたわけだが、コックとしての修行は充分に積んでいる。

主人夫婦の丹念な手造りの洋食は、つつましやかな店内のムードとぴたり合っていて、

「一度行ったら、もう忘れられない」

という若者たちが、東京にも、かなりいるのだ。

料理に添えるクレソンは、ここの主人がコーチをしているバスケット・ボールのチームの生徒たちが、山間の渓流から採って来るのである。

料理を食べた後で、美しいワイン・ゼリーを食べたりしていると、何ともいえず、満ち足りたおもいがしてくる。

むかし、善光寺の手前の大通りの左側に、たしか〔明治軒〕という洋食屋があって、そこの二階へあがると、いかにも山国の町のレストランへ来たようなおもいがした。

いま〔明治軒〕はなくなり、東京ふうのけばけばしいレストランが増えた長野市で、

東京ではお目にかかれない本物の手打ちそばを出す上田の刀屋

その明治軒を偲ばせる店は、おそらく、この〔弥ぐるま〕だけだろうとおもう。

いまの長野は、車輛《しやりよう》の騒音も凄《すさ》まじくなってしまい、ゆっくりと道を歩くこともできなくなったが、それでも夜になって、暗い裏道を歩くと、むかしの面影が色濃く残っており、

（生涯に一度、長野の町に住み暮してみたい）

というおもいを、いまだに、私は捨て切れずにいる。

＊

上田へはじめて行き、五日ほど滞在したときに〔刀屋《かたなや》〕の蕎麦《そば》を、これもはじめて口にした。

東京では口にすることのできぬ、本物の手

打ちだ。

私は先ず、その蕎麦切りの手練《しゅれん》のほどにびっくりした。

いまも老主人が蕎麦を切っているが、一種の〔名人芸〕だろう。

信州の真田藩《さなだ》をテーマにした小説をいくつも書いてきた私は、いま〔真田太平記〕という六年がかりの長篇を週刊誌に連載しているが、そうなると、どうしても上田へは何度も足を運ぶことになってきて、刀屋の蕎麦とも、すっかりなじみになってしまった。

並のもりそばでも、東京の三倍はある。

大盛りとなれば、とても私ひとりでは食べきれない。

昼どきは、客があふれんばかりに詰めかけて来るので、私はいつも、午後の空いた時間をえらぶことにしている。

上田には、市役所の観光課にいる益子輝之《ましこてるゆき》という旧友がいて、いつも、この人をさそい出し、刀屋へ出かける。

この店の名を〔刀屋〕というのは、封建のころ、刀の鐔《つば》をつくる鍛冶《かじ》職だったからである。

いかにも、城下町の蕎麦屋らしいではないか。

この店の入れ込みへあぐらをかいて、ゆっくりと酒をのむ気分は何ともいえない。

合鴨《あいがも》とネギを煮合せた鉢や、チラシとよぶ天ぷらなどで酒をのむわけだが、旅の気分も手つだって、まったく、

「こたえられない……」

のである。

上田には、うまいカレー・ライスを食べさせる〔ベンガル〕という店や、馬肉の〔但馬《たじま》軒〕などもあるし、旧城下のおもかげを偲ばせるナツメ河岸《がし》の〔藪《やぶ》そば〕もよい。

しかし、上田へ来て旧友・益子輝之に会えば、刀屋の絶対的なファンである彼の、

「刀屋にしましょうよ」

の、さそいをことわりきれぬ。

「東京にね、また大震災が起りましたら、中仙道をまっすぐに、上田へ上田へと逃げていらっしゃい。刀屋の蕎麦が待っていますよ」

などと、益子輝之はのんきなことを私にいうのである。

浅草の店々

去年の秋の或日《ある》に、浅草寺の境内で鳩《はと》に豆をやっているアメリカ人と語り合ったとき、

「ぼくは、これで三日、ホテル・オークラから浅草へ通いつづけている。アサクサは実によろしい」

と、壮年の、このアメリカの男が目を輝かせていった。

通訳をしてくれたのは、同行の私の友人である。

「銀座はどうか？」

と、尋《き》いたら、彼は黙って、かぶりを振った。

私が〔生まれ故郷〕の浅草へ度び度び足を運ぶのは、

「懐旧のおもいにふける……」

からではない。

むろん、それもないわけではないが、そのことよりも、浅草の六区の盛り場へ入れ

ば、

「人間なみに歩ける……」

からだといえよう。

観音さまを中心にした仲見世から、映画街へかけての大きくて広い盛り場には、車《しゃ》輛《りょう》を入れない。したがって赤や青の信号に人間が規制されることもない。

かのアメリカ人にいわせると、このような大都会の盛り場は世界中で、

「アサクサのみである」

ということになる。

ゆえに、六区の盛り場へ入って来ると、人は、いずれも、のびやかな顔つきになってしまう。

そうして、ゆっくりと歩みながら買い物をしたり、安くてうまい食べものやへ入ったりして、時間が過ぎて行くのをたのしむのである。

新吉原《しんよしわら》の灯が消え、六区の瓢簞《ひょうたん》池が埋めたてられ、名物の映画館がつぎつぎに打ち壊され、往年の浅草の、夜の灯火の華やぎは、それこそ、まさに、

「薬にしたくも無い……」

ことになってしまった。

ウィーク・デーの午後八時の興行街は、大形《おおぎよう》にいうなら〔廃墟《はいきよ》〕といってもよいほどなのだ。

だからといって、浅草がさびれたというのではあるまい。

東京の夜の歓楽は、中心部から旧郊外へ向かって移動しつつある。

銀座の表通りだって、いまは浅草と大同小異になってしまった。

日中から夕暮れにかけての浅草は、それなりに繁昌《はんじよう》をしているのではあるまいか。

あれだけの商店が、びっしりと軒をならべている中には、めったに浅草へあらわれぬ人たちが「おや……?」と、目をみはるようなモダンな品物を商う洋品店や鞄《かばん》店などを見出《みいだ》すこともできるだろう。

浅草というと、いまの人びとには、観音さまとむすびついた、何か古めかしい盛り場だという印象がないでもないようだが、むかしの浅草は外国映画の封切館や上映館がたちならび、松竹歌劇の本拠（いまもそうだ）であり、しゃれたカフェーや食べもの屋がいくらもあって、東京中の人びとがあつまって来た。

東宝が日比谷《ひびや》に興行街をつくりあげるまでは、先《ま》ず、人びとは外国の香りをスクリーンの中に嗅《か》ぎ取るため、浅草へ通いつめたのである。

そのころの浅草のモダンな空気というものは一種特別なものだったといえよう。

そのころの〔名残り〕が、まだ浅草にはただよっているのだ。

＊

天ぷらの〔中清《なかせい》〕、うなぎの〔前川〕、蕎麦《そば》の〔藪《やぶ》〕、鳥の〔金田〕など、子供のころの私が祖父に連れられて行った店々も、いま尚《なお》、健在である。

その中でも、鳥料理の〔金田〕は、祖父がもっとも好む店だった。

仲見世のすぐ裏の〔金田〕は、戦前の経営者がやっている店ではない。むかしの〔金田〕は同じ浅草の旧千束町の方へ移って〔本金田〕と名乗り、ここも繁昌しているけれど、私はやはり、むかしの場所の〔金田〕へ足が向いてしまう。

むかしの、奥庭に面した、しゃれた小間がならぶ雰囲気が、まだ残されているし、戦前の〔本金田〕の料理人が此処《ここ》へ残ったので、鳥の切り方にも、盛りつけにも、むかしを偲《しの》ばせるものが感じられるからだろう。

子供の私が、鳥の臓物《もつ》がこんなにうまいものかと知ったのは、この〔金田〕においてだった。

午後も遅い、しかも夜の客が立てこまぬ時刻に、この店の奥の小間で、鳥鍋《なべ》で酒をゆったりと飲む気分は、たまらなくよい。

酒が，肴が“まことによい”浅草・金鮨の店構えと女性の職人

もっとも、むかしを偲ぼうとするあまり、むかしからの店へ入って、ひどい目に会うこともないではない。

これも祖父によく連れて行かれた鮨《すし》やへ入ったら、帚《ほうき》で土間を掃除したその手を洗いも拭《ふ》きもせず、いきなり鮨をにぎりはじめたので、びっくりして、

「ちょっと、用をおもい出したから……」

と、あわてて飛び出し、仲見世を歩いて、ひょいと入ったのが〔金鮨〕だった。もう五、六年前のことだったろう。

どこの町すじにもあるような小さな店構えだが、ここの酒はまことによい。

〔金鮨〕の老女は、

「うちのお酒をのみに、わざわざ山の手から来るお客さんもいます」

と、自慢している。

鮨をにぎる職人はひとり。しかも女である。

「このひとに、お酒をのませないで下さいましよ」

と、老女がいう。

この老女が、この店の女主人《あるじ》のようにもおもえるけれども、ついぞ、私は聞いたこともない。

女の職人の名前も知らぬが、私は、このひとが大好きで、〔金鮨〕へ入らぬときでも、

（いるかな……？）

ガラス戸ごしに、中をのぞいて見たりする。

いったん、酒を口にしたら最後、徹底的にのんでしまうから、翌日、店へ出て来られなくなってしまう。それゆえ、老女がとめるのである。

先ず、入って、

「今日の、いちばん、うまいものを出してくれ」

と、いうと、たとえば鮑《あわび》なんかブツブツと切ってくれる。そのうまいこと、安いこと、うれしくてたまらなくなってくるのだ。

旧臘《きゅうろう》も浅草へ出かけたが、他《ほか》へまわった後だったので〔金鮨〕へ入らず、しかし、その前を通ると、老女と女職人が何やら仲よく、店の前で立ちばなしをしていた。

たしか、そのときは、旧電気館（この、なつかしい映画館も、ついに取り壊されてしまった）裏の洋食屋〔ヨシカミ〕で腹いっぱい食べた後だった。

〔ヨシカミ〕の洋食の威勢のよいこと、安いこと。これも、まさに浅草の洋食屋だし、そのとなりの〔峠〕もよい。

たまさかには、居酒屋の〔松風〕で、ありとあらゆる銘柄がそろっている中から好きなのをえらび、二本ばかりのんでから歩き出すのもよい。

自分の履物や帯は、どうしても浅草へ買いに行くことになる私だが、買物の前に酒を入れておくと、

買物に、

「弾みがついてくる」

のである。

帰りぎわには〔アンヂェラス〕へ寄って、ダッチ・コーヒー。これはもう、習慣のようなものになってしまった。

ここの老主人は、むかし、私の叔父の友人で、私の家へ遊びに来たとき、

まさに浅草の洋食屋，「ヨシカミ」の威勢のよいこと，安いこと

「正ちゃん。はいよ」

と、五十銭ほど小遣いをもらったことがあるが、むろん、眉毛《まゆげ》が白くなった私が店へ入って行っても気づくはずはない。

そのころの主人は、モスリン屋の若旦那《わかだんな》だったのだ。

*

数年前まで、観音さまの境内に近ごろ流行の〔何とかタワー〕ができて、その展望台へ上って見たことがあるけれども、関東の大震災と太平洋戦争の爆撃に焼けただれた上、奇妙な景観に変貌《へんぼう》した下町の風景などを、上から見下ろしたところで、

「おもしろくも何ともない……」

ということらしく、いまは取り壊されてし

まった。

何よりのことといわねばなるまい。

いまも浅草は行事の土地《ところ》だ。

戦争末期に、私は山陰の航空基地にいたが、焼土の東京に暮しつづけていた母から、廃墟と化した浅草に、例年通り〔草市〕が立ち、四万六千日の行事がおこなわれたという手紙をもらったときの心強さ、うれしさは、いまも忘れがたい。

これは、浅草に生まれ育った者でなくては、わからぬ。

何しろ戦争は、いまや敗北のうちに終ろうとしていたのである。

伝統の行事というものは、たとえ、いかなることがあっても、これを遂行せぬかぎり、行事とはならぬ。

三社祭、草市、四万六千日、針供養《くよう》、羽子板市、そして酉《とり》の市……と、浅草の伝統行事は、いま尚、絶えていないし、この行事をおこなうことによって、浅草は浅草としての〔存在〕をまもりぬいている。

そして、現代の若者たちも、異国の人びとも、これをよろこび、たのしみ、浅草へあつまって来るのだ。

その季節季節によって、時刻をえらび、酒をのむ場所と散歩の段取りをうまくつけ

浅草へ買物に行った帰りみち著者が立ち寄る「アンヂェラス」

て浅草へ出かけると、私などは、つくづく気がやすまるおもいがする。

むかしから通いつづけた店々も、しばらく行かぬうちに、びっくりするほど変ってしまい、落胆することもないではないが、中には断固として、むかしのままの商いをまもる心意気にも出合う。

戦前、広小路に〔鎌鮨〕という鮨やがあり、私もよく通ったものだが、戦後は消えてしまった。

ところが、七年ほど前、天ぷらやの〔天藤〕にいると、そこへ老女がひとり入って来て、天丼《てんどん》を注文した。

天藤の先代の主人が、その老女を「鎌鮨のおかみさん……」と呼んだので、私は、よくよく老女の顔をながめたが、見おぼえはなかった。

（してみると、鎌鮨は、まだ、浅草に店を出しているのか……）

と、おもい、その老女の後を尾《つ》けてみようかと考えたが、連《つ》れもあったことだし、ためらううちに、老女は天丼を食べ終り、

「ああ、うまかった。また、寿命がすこし延びた」

こういって勘定をはらい、外へ出て行った。

ちかごろ、親しい編集者から、この〔鎌鮨〕が本願寺の近くに店を出していることを聞いた。

そのうち、ぜひとも出かけてみたいものだ。

ここまで書いてきて、おもい出したのは、菓子舗〔蛸松月《たこしょうげつ》〕の最中《もなか》である。

蛸の絵が皮に浮き出した、この店の最中を、子供のころの私は、どれほどうまがったか……。

〔蛸松月〕は、いまも広小路の角に健在なのだ。

ああ、今度、浅草へ行ったら、忘れずに買って来よう。

深川の二店

物の本に、

「江戸時代の深川は、イタリアのベニスに比較してもよいほどの水郷であった」

などと、書かれている。

「ほんとうかね？」

と、いう人もいるだろう。

そういう人は、たとえば、広重《ひろしげ》の〔名所・江戸百景〕の中の、深川を描いた浮世絵をごらんになるといい。ちかごろは、さまざまなかたちで、こうした浮世絵が紹介され、たやすく手に入れることができる。

広重の、すばらしい絵筆が表現した江戸の町、江戸の川、江戸の空は、

「嘘《うそ》ではなかった……」

のである。

すくなくとも、太平洋戦争以前の深川を知っている人なら、たちどころに、

「うむ、そのとおり」

と、うなずいてくれるにちがいない。

江戸湾（東京湾）の汐《しお》の香り、新鮮な魚介、すっきりとした住民の気風《きっぷ》、深川の町々を縦横にめぐる堀川と運河の水の匂《にお》い……そうしたものが、まだまだ残っていて、それを躰《からだ》で感じ取ってきた者には、広重の絵が、

「たちどころにわかる……」

はずなのである。

深川の地は、往古《むかし》、大川（隅田川）の河口に近い三角洲《デルタ》だった。

はじめて、徳川家康《いえやす》が江戸へ入国したところ、江戸湾の水は赤坂や上野のあたりまで流れ入っており、いまの日比谷《ひびや》公園のあたりは海岸だったのである。

徳川氏の江戸入国によって、城下町としての江戸は、未曾有《みぞう》の発展をとげることになる。

深川の地を開拓したのは、摂津の国から江戸へ移住して来た深川八郎右衛門と、紀州出身の熊井理右衛門という人だったそうな。

三角洲だった深川は何度も埋め立てられ、そのひろがりを増して行き、大小の船の運行を便利にするため、四通八達の堀川が設けられた。

〔木場《きば》〕とよばれて、江戸市中の材木商の大半が深川に集まったのも、船の輸送の便利があったからだ。

いわゆる〔江戸前〕の魚介は、深川のものである。

隅田川の川水と、江戸湾の海水とがまじり合った特種の水質に育《はぐく》まれた魚や貝の味わいは、特別のものだったらしい。

たとえば、同じ鮃《ひらめ》にしても、千葉県の銚子《ちょうし》の沖合で漁《と》れたものと、江戸湾で漁れたものとは、まったく味わいがちがっていたらしい。

私が書いた〔市松小僧の女〕という芝居の大詰は、深川の黒江町の小間物屋の場面だが、そこへ出て来る魚屋に、

「こいつは銚子鮃だが、ばかにできやせん。ここの旦那《だんな》が好きだから持って来ました」

といわせているのも、このためなのだ。

むかしは芝居の脚本と演出で暮していた私は、小説に転じたのちも、たまさかに芝居の仕事をする。そうしたときには、深川でも何処《どこ》でも、自分の好きな場所をえらんで舞台の上に再現することができる。

いま尚《なお》、私が芝居の世界からはなれられないのも、こうした、たのしみがあるから

なのかも知れぬ。

私が子供のころ、深川には親類が二軒あった。

一は、深川の門前仲町に住む母の従妹《いとこ》で、このひとは木場の材木店の番頭に嫁いでいた。

一は、深川の外れの、東京湾をのぞむ砂町（江戸時代の砂村）に住む母の伯父の家だった。

この母の伯父は、砂町の葦《あし》の群れの中の一軒に住んでいて、たくさんの伝書鳩《ばと》を飼っていたので、子供の私は、この家へ泊りがけで遊びに行くのがたのしみだった。

夏の日射《ひざ》しに光る運河の水や、濃い草の匂いや、運河を行く蒸気船や漁師の舟を、いまも脳裡《のうり》におもい浮かべることができる。

そのころの、子供の私でさえも、

（ここが、東京なのか……？）

と、浅草の我家から一時間半ほどで到着する砂町の景観を、夢でも見ているように感じ取っていたのである。

＊

むかしの東京の子供などというものは、自分が住んでいる町を中心にした地域の外へ、めったに出かけることもなかった。

私などは、そうした子供たちの中にあって、比較的に、独りで諸方へ出て行ったほうだろう。住んでいたところが、上野や浅草の盛り場に近かったし、母親がそういうことにうるさくなかった所為《せい》もあって、小学校の五年生になると、土曜日か日曜日に、深川の親類のところへ、祖母の使いに出かけたことも何度かある。

そうしたとき、祖母は私に二十銭よこした。

すなわち、往《ゆ》き帰りの電車賃（いまの都電）が十四銭。残りの六銭が〔使い賃〕というわけだ。

はじめて深川へ、独りで出かけたときは、私にとって一つの〔旅行〕だったといえる。

何度も何度も市電の乗り換えの場所について教えられ、略図を持たせられ、出かけるときの、不安と好奇心が入りまじった緊張感は何ともいえぬものだった。

深川・門前仲町の母の従妹の家へ着き、用事をすませて帰るときは、母の従妹が十銭か二十銭、お駄賃をくれる。

二度目からは平気で出かけられるようになり、そうなると、

（帰りは歩こう。そうすれば、電車賃の七銭が儲《もう》かっちゃうな）

と、おもいついた。

浅草・永住町の家から深川までは、およそ、一里半はあったろう。

私は、ためておいた小遣いで〔東京市区分地図〕というのを本屋から買って来た。たぶん、五十銭ほどだったろう。一円はしなかったとおぼえている。

余談になるが、この地図を買ってから、私の大きなたのしみが増えた。東京という都会が、これほどに大きく、変化に富んでいるものとは知らなかったので、小遣いをためては市電に乗って、たとえば麴町《こうじまち》のあたりから皇居周辺を歩きまわるとか、九段の靖国《やすくに》神社へ行くとか、神田の本屋街へ出かけるとか……それが映画見物と共に、何よりのたのしみになった。私は、いそがしくなった。そのためか、小学校五、六年のときの成績が落ちてしまったほどだ。

いまだにおぼえているのは、この地図を買ってから先《ま》ず第一に出かけたのは、芝・高輪《たかなわ》の泉岳寺だった。

いうまでもなく、この寺には赤穂《あこう》浪士四十七名の墓がある。それを見たいとおもったのは、芝居や映画などで観《み》た〔忠臣蔵〕が頭にしみこんでいたからだろう。当時の市電は東京市中のどこへでも乗り換えて七銭で行けたわけだが、それにしても泉岳寺へ行ったときは、私にとって大旅行だった。

それから、また、堀部安兵衛《やすべえ》が十八番斬《ぎ》りをやったという〔高田の馬場〕へ出かけたが、そこの陸軍の射撃場にびっくりしただけで、むかしの高田の馬場が何処にあったのか、さっぱりわからぬままに帰って来た。江戸時代の馬場跡をたしかめたのは、つい、十五年ほど前に、堀部安兵衛の一生を小説に書いたときである。

さて……。

深川から歩いて帰るときは、永代橋の手前を北へ曲がり、仙台堀をこえ、小名木川へ架かる高橋をわたって本所へ出るわけだが、その高橋をわたった右側に、何やら芝居の舞台に出て来るような瓦《かわら》屋根の、総格子《そうごうし》の表構えの店があるのに気づいた。

見ると、これが〔どぜう屋〕である。

店の名は〔伊《い》せ喜《き》〕で、夏などは入れ込みに押しつめた人びとが汗をかきかき、泥鰌鍋《どじょうなべ》をつついている。

(ははあ、ここにもどぜう屋があるな……)

と、おもった。

浅草の〔駒形《こまがた》どぜう〕の方は、数え切れぬほど通っていたからだ。

小学校を出て、はたらきはじめ、給料というものをもらうようになってから、私は、

この騒々しい世の中に何とも落ち着いた風情の伊せ喜の表構え

しばしば〔伊せ喜〕へ足を運んだ。

はじめは、どぜうなど、うまいともおもわなかったけれども、底の浅い鉄鍋を前にして、薬味の葱《ねぎ》を泥鰌の上へ盛り、煮えあがるかあがらないかというときに、引きあげて食べる。そういうことをしていると、何か一人前の大人になったようで、いい気分だったのである。

十六、七になると、私は、二十二、三に見られたし、警官の前で煙草《たばこ》を吸っても咎《とが》められることもなく、伊せ喜で酒をのんでいても怪しまれなかった。

つまり、それほどに、

「老《ふ》けた顔つき……」

だったのだろう。

辛うじて戦災に焼け残った一、二枚の、そのころの私の写真を見ると、まるで、

「苦虫を嚙《か》みつぶしたような……」

愛嬌《あいきょう》のない顔をしている。

もっとも、そのおかげで、私はずいぶん、得をしてもいるのだ。

戦後、長い間、深川へも伊せ喜へも足を運ばなかった私だが、六、七年前から、年に何度かは出かけるようになった。

入れ込みへすわって、他の客たちと肩をならべながら、泥鰌鍋をつつく気分は何ともいえぬ。

そうした客たちの会話が、私には絶好の肴《さかな》になってくれる。

*

高橋から、すこし北へすすむと森下町になる。

ここには馬肉《さくら》鍋の〔みの家〕がある。

ここも入れ込みで、伊せ喜と同じ気分である。

「馬の肉が、こんなに、うまいものなのか……」

はじめて、ここへ入って食べたとき、ほんとうに私はびっくりした。

この〔みの家〕だったか〔伊せ喜〕だったか、よくおぼえていないが、どちらかの

馬刺・桜鍋を好む人たちに大好評の森下町・みの家本店の表構え

店で、若い女中が恋人の苦学生がやって来ると、店の人たちにわからぬよう、そっと握り飯をつくって新聞紙へ包み、

「ねえ……夜半《よなか》に、おあがんなさいな」

と、わたしているのを見たことがある。たしか〔みの家〕ではなかったろうか……。

いまだに、その女中の顔と、苦労をしながら大学に通っている青年の顔をおもい出すことができる。

「だめよ。たんと食べなくちゃあ……」

「うん……」

などと、ひそかに、あわただしくささやきかわしていた、あの若い二人は、いまも元気でいるだろうか……。

(いや、中に戦争が入って来やがったから、もしかすると戦死をしてしまったかも……?)

などと、おもったりするのだ。

実際のところ、私が深川へ遊びに出かけたころの友だちの大半は、戦死か戦病死をしてしまった。

「こいつを食べると、何となく元気が出て来るような気がする」

よく、そういっていた母の従弟《いとこ》も、戦争へ出て身を痛めたのが原因で、戦後間もなく亡《な》くなってしまった。この従弟と私とは、同じ場所ではたらいていたが、躰《からだ》も弱く、その弱い躰が、どぜうを要求したものか、伊せ喜へ三日に一度は通っていたものだ。

私は子供のころから、深川不動の門前で売っている清水の〔金つば〕が大好きで、深川へ行けば、かならず買って来たものだが、ちかごろは品切れのことが多いし、何だか、店先もがらんとしていて、めったに食べられない。

私は若いころから、いくら酒をのんでも、その後で何か甘いものがほしくなる。だから〔伊せ喜〕へ行くときも、前もって深川不動へ参詣《さんけい》し、金つばを買って、ぶらぶらと高橋まで歩くのが常だった。

濃い夕闇《ゆうやみ》の中に、小名木川を行く舟をながめていると、いつまでも飽きなかった。

とっぷり暮れてから〔伊せ喜〕へ入ると、母の従弟のTが待っていて、早くも酒をのみはじめている。

のんで食べて、最後に茶をもらって、おもむろに金つばを取り出すと、Tがじろりと見て、

「馬鹿《ばか》ァよせ」

といった、その声を、いまも、おぼえている。

東京下町の香りなどというものは、すっかり消えてしまったが、深川や佃島《つくだじま》へ行くと、まだ、その残り香が、そこはかとなく、ただよっているようだ。

名古屋懐旧

二十年ほど前の私は、新国劇の脚本を書き、演出をして暮していた。

そのころの新国劇は、戦後の最盛期にあり、東京を中心に、大阪・名古屋と公演がつづき、一年のうち、夏休みの一カ月をのぞいて、ほとんど毎月、大劇場の公演があった。

そのころ、私の脚本が東京で上演されるのは年に二回か三回だったが、評判がよければ引きつづいて大阪・名古屋の舞台へかけるというわけで、そうなれば、出かけて行って舞台稽古《げいこ》をしなくてはならないし、同時に、つぎの脚本の相談も始まる。

それに、東京公演に新作を出す場合、その前の月は劇団が大阪か名古屋の公演なので、そこへ行き、稽古をはじめることになる。

一日の舞台が終ったあとで、俳優たちが劇場のロビイや大部屋へあつまり、読み合せをしたり、稽古をしたりする。そうして東京へ帰って初日を開けるまでに、五日や六日は、たっぷりと稽古ができたものだった。

また、急ぎの仕事でも、たとえば大阪や名古屋へ行き、公演中の劇団と共に暮しながら脚本を書き、ついでに稽古もすませ、帰京するということになると、約一カ月は滞在することになる。

大阪の場合は、京都に泊って脚本を書くこともあったし、名古屋のときは桑名の〔船津屋〕へ泊ったり、蒲郡《がまごおり》ホテルへ泊ったりした。

そのころのことをおもえば、いまとはくらべものにならぬほどの余裕が、あらゆる人びとの生活に残っていたようだ。

私の家では、母も家人も、まだまだ元気だったたし、電気掃除機も電気洗濯機も使わず、テレビも買わなかったほどで、収入はとぼしくとも、何となく万事がスムーズにおこなわれ、日と時間のながれに、たっぷりとした量感があったようにおもう。

芝居がハネて、さらに稽古をして、夜半の街へ出ても、飲んだり食べたりする店を探すのに手間はかからなかったものだ。

名古屋では、広小路の両側に、種々さまざまの食べものやの屋台が並んでいて、名物の味噌《みそ》煮込みで若い役者たちとコップ酒をやるたのしみは、こたえられなかった。

それが、どうだろう。

〔東京オリムピック〕を機に、こうした屋台店や夜店が街の大通りから、いっせいに取りはらわれてしまった。

東京も名古屋も大阪も、あの〔オリムピック〕を境いにして、都会に変貌《へんぼう》したのである。

「味も素っ気もない……」

オリムピックは大成功をおさめたが、歩調を合せた日本の高度成長は、実に忌《いま》わしい傷痕《きずあと》を置き去りにしたまま、どこかへ消えて行ってしまったのだ。

いまの名古屋の表通りは、夜の八時にもなれば、東京の銀座や浅草同様に、

「火が消えたように……」

不気味な、暗い沈黙の中に閉じこもってしまう。

そこで裏通りへ入り、灯《あかり》と酒の香りと、人の声をもとめることになるのだが、名古屋の大須《おおす》新地にあるギョーザ屋の〔百老亭《ひゃくろうてい》〕が、いまも健在なのは実にうれしい。

二十年前の、そのころ、名古屋に滞在中は、この店へ三日に一度、

「行かなくては気がすまない……」

ほどだった。

その後、火事のために改装したが、いまもむかしのままのスケールをまもり通し、決して手をひろげない。

数種類のギョーザのほかにできるものは、スープ、野菜炒《いた》め、焼きそば。これだけである。なればこそ、むかしの味が落ちない。

いくらか小さめのギョーザを、二十年前の私は、白乾《ぱいかる》をのみながら五人前は軽く食べてしまった。

野菜炒め、焼きそば、スープの三品も、一見《いっけん》、家庭の惣菜《そうざい》のような手軽さなのだが、そう見えても実は、ちがう。三十年にわたっての、この店の工夫と洗練が秘められてい、一度食べたら、もう忘れることができぬ。

たらふく飲んで食べて、さて勘定をはらうときになって、はじめての客は、きっと、

(こんなに安くて、いいのだろうか……？)

と、おもうにちがいない。

＊

新国劇の名古屋公演は、御園座《みその》だった。

役者たちもそうだが、私なども名古屋へ到着し、御園座へ入るや否や、

「先《ま》ず、清富《きよとみ》へ行こう」

ということになる。

ギョーザ屋の百老亭のうまさ安さが昔のままなのがうれしい

〔清富〕は当時、御園座の三階の一隅にあった〔おでんや〕である。

どこがうまいと尋《き》かれても返事に困るが、どちらかというと小ぶりのおでんが、この店独特の味つけになっていて、清富のおでんを口にしてはじめて、

（ああ、名古屋へ来たのだな……）

あらためておもうのは、芝居の関係者の中に多かったようだ。

その後、御園座は大改築をして、清富は地下の食堂街へ移った。

いまも、私たちが、

「清富のおばあちゃん」

と、よんでいた老婦人も元気だし、入口の〔御酒　おでん　茶めし　清富〕とのみ染めぬいた暖簾《のれん》も、この店で客に出す物がどんなものかをきわめて端的に表現しているようにおもわれる。

それと、御園座近くの居酒屋〔大甚《だいじん》〕は、いま、あまりにも有名になってしまったようだが、檜《ひのき》の厚い一枚板の卓へ、酢ダコだのモロコだの、野菜の煮物だの穴子だの、すきなものを一皿ずつもらって、おもうさまのむたのしさも忘れがたい。

店内にみちあふれる客の、うれしげな、たのしげな名古屋弁が、

わあん……。

御園座地下の食堂街に移った「御酒　おでん　茶めし」の清富

と、一つの音響と化している中で、私たちも大声でしゃべり合い、威勢よくのむのだった。

納屋橋《なやばし》の鳥や〔宮鍵《みやかぎ》〕へも、何度、足を運んだか知れない。

むかしは、いまのようにメニューも多彩ではなく、二階の入れ込みの衝立《ついたて》で仕切った一角へすわり込み、鳥のすきやき、白煮《しらたき》で酒をのんだあと、鰻丼《うなどん》の一つぐらいは軽く腹へおさめてしまったものである。〔宮鍵〕も諸方へ支店を出したりはしていないようだ。

私は、戦災で焼け果てる前の名古屋もよく知っているが、納屋橋を東へわたって、南へ入ったあたりには、焼け残った古い名古屋の町なみが残ってい、そのあたりの小さな宿屋に私は泊っていた。その宿屋を出て、宮鍵へ入るとき、ふと、戦前の名古屋にいるような気分になったものだ。

〔宮鍵〕も、いまは改築してしまったが、表構えはさておき、二階の入れ込みの大座敷などへ入れば、むかしの気分がないものでもない。

私は、そのうちに名古屋観光ホテルを常宿とするようになったが、改築前の、このホテルの快適さは、それこそ戦争前の、昭和初期のゆとりを具現していたものだった。

食事もうまく、部屋数が少ない割に、ロビイも廊下もたっぷりとしていて、たとえばシングルの部屋へ泊ると、バス・ルームまでがひろびろとしており、洋風の浴室なのに簀《す》の子が敷かれ、木の小桶《こおけ》までがそなえられていたのである。

そのうち、名古屋にもホテルが増え、観光ホテルもこれまでのような商法では、とてもやって行けなくなり、堂々たる大ホテルとなってしまったが、いまでも私は、名古屋へ行けば、このホテルへ泊る。むかしのよさがフロントやボーイのサーヴィスにも、食事にも残っているからだ。

洋食が食べたくなると、ホテルのグリルへ行ったものだが、もう一つ、新栄町の〔石川〕へもよく出かけた。

ここも、いまは改築してしまったが、いまも行って見て、女店員たちのサーヴィスが親切なのと、料理にも手抜きをしていないのがよくわかる。

〔石川〕の名物は〔ハヤシ・ライス〕だ。

すくなくとも、私は、そうおもっている。

私のように五十をこえた年代の男たちは、子供のころ、むかしの洋食屋のハヤシ・ライスをはじめて口にしたときのおどろきを、まだ、おぼえているだろう。

(こんなうまいものが、世の中にあったのか……)

このことだった。

あの茶褐色のソースで煮込まれた牛肉やタマネギを熱い飯の上へかけ、グリーン・ピースを散らした一皿の味わいなど、いまの子供たちは、

「見向きもしないよ」

と、さびしげにいった男がいる。

〔石川〕の、ヒレのカツレツもうまい。

料理に〔活気〕がみなぎっている。

＊

私は、鯛《たい》の刺身が大好きだ。

鯛の腹のあたりの、すこし脂《あぶら》が乗っているところを、あまり厚くない刺身にして、

ワサビも何もなしに、生醤油《きじょうゆ》だけで食べる。

これに、すこし濃目《こいめ》の煎茶《せんちゃ》へ塩をひとつまみ落したのを吸物がわりにして、たきたての飯を食べられたら何もいうことはない。

名古屋には〔たい家《や》〕と〔鯛めし楼〕の二軒が、古くから鯛料理専門の店で、この二軒は向かい合っている。

名古屋にいて芝居の仕事をしているとき、すこし、ふところがあたたかいと、私は〔たい家〕へ出かけたものだ。

それというのも、何となく、値が張りそうな店だったからだが、しかし、いまにしておもうと、さほどに高かったともおもわれない。

去年の暮に、久しぶりで行って見たら、見ちがえるばかりの大きな料亭に変貌《へんぼう》してしまっていた。

むかしは、階下のカウンターが檜の一枚板で、そこに十五ほどの席があったろうか。

いまは知らぬが、当時、この店の鯛は、三重県の志摩から入ったと聞いている。

その見事な鯛も、料理人の庖丁《ほうちょう》の冴《さ》えも、ことごとくよかった。

カウンターへ坐《すわ》って、先ず、鯛のお椀《わん》と刺身で酒を二本ほどのみ、それからまた、新たに刺身を注文し、御飯を食べたものだ。

そのころの私は三十から三十四、五歳にかけてで、それはもう自分でもおどろくほどに何でもよく食べたものだが、いくら食べても肥《ふと》らなかった。

おもえば、当時は、自分の脚本の上にも小説の上にも、もっとも大切な吸収期であって、脚本が舞台にかかるのは年に二、三本だが、小説の習作を書き、読書をし、芝居や映画を観《み》てまわり、音楽を聴き、画《え》の勉強もするといったわけで、毎日、四、五時間ほどしか眠らなかった。

もっと、その時期に自分へ肥料をあたえておけばよかったと、いまにして後悔をしているけれども、なまけ者の私にしたら、それでも精一杯やったのだろう。

われながら、いささか、

「血相が変っていた……」

時期なのである。

だから、いまも名古屋や大阪へ行くと、まだ若かった自分のことが、しきりにおもい起されてきて、ときには、当時の自分の気負いに顔が赤らむこともないではない。

名古屋はまた、子供のときに母や私と離別した父と、十五年ぶりに再会した町でもある。

折しも私は、出征を目の前にひかえており、父は軍需工場の事務員をしていて、再婚はしていなかった。

父のなじみの、大須の宿屋の二階で、父がもって来た酒を、二人して二升ものんだことをおぼえている。

去年の暮の或夜《あるよ》、百老亭をたずねた折、その宿屋の跡を探してみたのだが、すっかり町の様子が変ってしまい、ついにわからなかった。

京にある江戸

私が生まれ育った東京は、関東大震災によって、江戸時代の景観を、ほとんど失ってしまった。

しかし、大地震と大火災に潰滅《かいめつ》した東京には旧江戸城であった皇居をはじめ、辛うじて焼け残った建物も残っていたし、その復興にしても、現代のメカニズムが行う破滅的復興ではなく、震災前の東京人《びと》の心情と余裕《ゆとり》を残存せしめるほどのものだったといえよう。

なればこそ、大正生まれの私も、わずかに江戸の残《のこ》んの香りを嗅《か》ぐこともできたのだった。

ところが、太平洋戦争による爆撃によって、その残んの香りも消え失《う》せた。

失せたがしかし、江戸の町の文化のねばり強さというものは恐ろしいものであって、近ごろはまた、服飾の世界でいう〔レトロ・モード〕そのままに、江戸に関する書物やら催しやら、復活やらが多方面におこなわれはじめ、ジーンズ姿の若者たちが、江戸の切絵図の複製と現代の東京地図を持って、東京都内を経《へ》めぐり歩くようになった。

江戸の風景や風俗を描いた広重《ひろしげ》や北斎の絵も数多く紹介され、出版されるようになり、そうした絵や絵図によって、江戸時代の〔江戸〕を現代の東京に偲《しの》ぶことはできようけれども、むかしの江戸の人びとの生活を体験することもできなくなったし、その景観を現実のものとして見ることはできない。

だが、京都をはじめとして、地方の古い城下町へ出かけてみると、いまや破壊寸前にある〔江戸〕を見ることができる。

この破壊は、天災によるものではない。

まさに人災……現代の人間たちがあやつる科学とマシンと錯覚による破壊である。

私ども、時代小説を書く者が、何かにつけて京都や金沢へ出かけるのは、むかしをなつかしむこともないではないが、自分の仕事の上にも、いまのうちにできるだけ、江戸のイメージをかためておきたいからなのだ。

たとえば、いま……。

京都の千本出水の、すっぽん料理の〔大市〕へ行き、元禄《げんろく》年間の創業とつたえられる、この店の黒光りのした古びた、しかも清らかな座敷で酒を酌《く》み、すっぽん鍋《なべ》をたのしみ、下長者町通りから松屋町通りなどを経て、西陣のあたりまで、夜ふけの道を

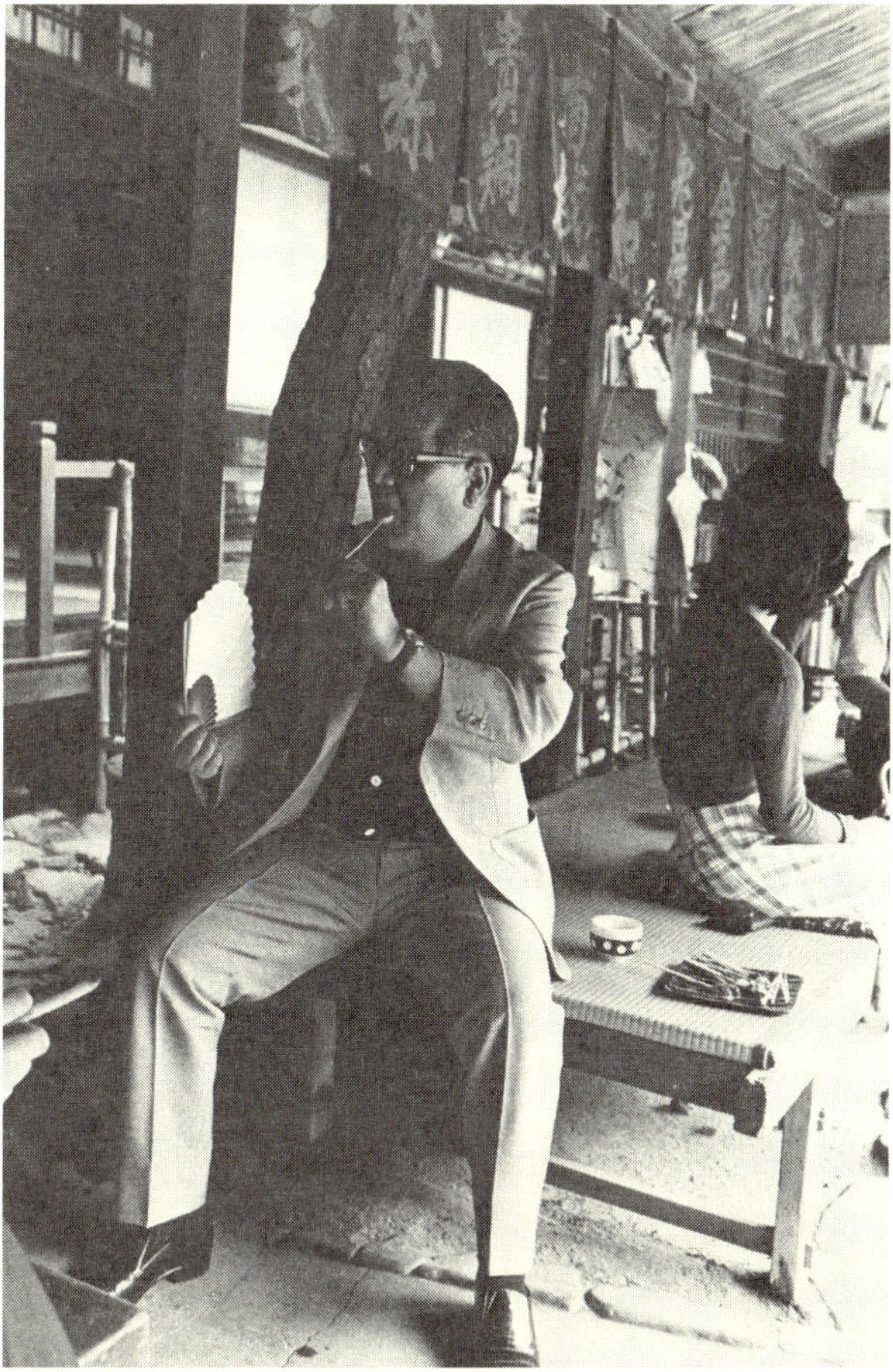

今宮神社参道の茶店で名物「あぶり餅」を食べる著者

歩いてみると、その夜の闇《やみ》の深さにおどろく。

そういっても、江戸時代の夜と同じではないが、戦前の東京の下町の夜ふけを、じゅうぶんに偲ばせてくれる。

まだまだ、古い旧家の瓦《かわら》屋根が残る、このあたりの町すじの冬の夜の闇は、江戸の夜を偲ばせてくれるのだ。

自動車も、人も通らぬ細道をぬけたりしていると、おもいがけない場所へ出たりする。

それがまた、おもしろかった。

＊

師走《しわす》も、まだ押しつまらぬころの、静かな京都へ行き、のんびりと三日ほどをすごすのが、以前の私の慣例のようなものだったが、そうした或《ある》朝、ホテルを出て大徳寺の近くにある今宮神社へ参詣《さんけい》をし、参道の茶店で、名物の〔あぶり餅《もち》〕を食べるのが、私のたのしみだった。

〔あぶり餅〕を売る茶店は〔いち和〕と〔かざりや〕の二軒で、向かい合せになっていい、通る人を双方で呼び込む。

江戸時代のままの佇まいを今に伝えるすっぽんの大市の店構え

いまは、店内も改装され、奥には小ぎれいな座敷もできたが、むかしは店先の古びた縁台にかけて、老婆《ろうば》が焼いては出す〔あぶり餅〕の串《くし》を手にしたものだった。

小さな餅に豆粉《まめのこ》をまぶして炭火で焙《あぶ》り、すこし焦《こげ》めのついたのへ、味噌《みそ》と砂糖（白と黒）をまぜ合せた垂れをつけて出す。

焙りたての、その味わいは、まさに江戸の時代《ころ》のものだ。

茶店ともおもわれぬ大きな家の造りが、芝居の舞台を見ているようで、そこに両刀をたばさんだ侍や、髷《まげ》をのせた町人が歩いていても、まったくおかしくはない風趣が〔今宮さん〕の参道にただよっていたものである。

まだまだ京都には、こうした店が残っている。

すっぽんの〔大市〕の店構えにしても、ガラス戸一枚はめてはいない。木と竹と紙と布（のれん）と、黒と白と茶の色彩とが微妙に綯《な》いまざった、まぎれもない江戸のデザインを見ることができる。

その洗練された店構えのすばらしさは、たとえようもない。

そして、すっぽんの味も同様だといっておこう。

餅といえば、嵯峨《さが》の鳥居本の〔平野屋〕で茶うけに出す糝粉餅《しんこ》も、私は大好きだ。

もとより平野屋の売りものは糝粉餅ではない。鮎《あゆ》である。

平野屋は享保《きようほう》の時代《ころ》からの古い茶屋で、なればこそ私は、自作の小説〔鬼平犯科帳・兇剣《きようけん》〕の一篇に、この店を使った。

その一節を抜き書きにしてみようか……。

愛宕山《あたご》は京都の北西四里のところにあり、祭神は稚産日命《わくむすびのみこと》、伊弉冉命《いざなみのみこと》ほか数柱。鎮火の神として古いむかしから朝野の崇敬があつく、戦国のころ、かの明智《あけち》光秀《みつひで》が愛宕神社へのぼって、織田《おだ》信長《のぶなが》弑逆《しいぎやく》の吉凶をうらなったという……（中略）山頂より五十余町の山道を下り、清滝川をわたって試坂《こころみざか》をこえると、そこが愛宕社・一ノ鳥居である。

この鳥居ぎわに、わら屋根の、いかにも風雅な掛け茶屋があって、名を〔平野や〕という。愛宕詣《もう》での人びとが、ここへ来て一休みし、いよいよ山道をのぼろうというわけで、夏になると保津川や清滝川でとれる鮎を、この平野やまではこび、荷の中の鮎へ水をかえてやり、一息入れてから京へはこぶのだ。

長谷川《はせがわ》平蔵と木村忠吾《ちゆうご》がここまで下って来たときは、まだ昼前であったけれども、赤前かけの女たちが、すぐさま、谷川へ面した腰かけに案内してくれた。

すうっと汗がひくほど、山肌の若葉にうもれつくしたかのような茶屋なのである。盃《さかずき》をもつ手のゆびまでが、みどりに染まってしまいそうであった。

と描写したが、いまも、このままに平野屋が在るのだ。

平野屋の鮎のうまさは、まるで百年も前へ月日がさかのぼったかのような〔江戸の雰囲気〕にひたって食べるのだから、味覚と旅心が渾然《こんぜん》と溶け合い、何ともいえぬ心地がしてくる。

「何も高い金をはらって、あんなところまで鮎を食べに行くことはない」

という人もいるが、なるほど価は安いとはいえぬ。

しかし、江戸時代そのままの旧家に手入れを惜しまず温存し、それにふさわしいもてなしをするためには、それ相応の価となるのは当然のことだろう。

ふところがさびしければ、赤い毛氈《もうせん》を敷いた腰かけにすわり、名物の糝粉餅で茶をのむだけでもよい。だれが何といおうと、私は此処《ここ》が大好きである。小さくひねった糝粉餅に黄粉《きなこ》がかかってい、その鄙《ひな》びていて、しかも洗練された味わいは、この店の他の料理のすべてにあてはまる。

いつであったか、たらふく食べて飲んで、昼すぎに平野屋を出てから化野《あだしの》をすぎ、嵯峨野の西端の山間《やまあい》の草原へ寝ころび、酔っているままに深く眠りこんでしまい、目ざめたら、空に星が出ていたことがあった。

こういう浮世ばなれができた貴重な思い出は、一生、忘れまい。

＊

嵐山《あらしやま》の、大堰《おおい》川へ架かる渡月橋の下の中ノ島にある料亭の〔錦《にしき》〕も、夕暮れどきからは観光客のざわめきが絶え、まことに落ちついた〔別世界〕になる。

竹叢《たけむら》にかこまれた風雅な腕木門を入り、奥まった小座敷で、この店の〔桜宿膳《おうしゆくぜん》〕で、ゆっくりと酒を酌むのもよい。

ここは、戦後の店であろう。

実に風格のある茶屋・平野屋は愛宕社の一ノ鳥居のたもとにある

〔桜宿膳〕というのは、京の町家で使う箱膳を使い、念の入った、美しくて、うまい料理を食べさせる。

いまは手をひろげて、いろいろとやっているようだが、料理には、すこしも手を抜かぬ。料理のすべてがゆたかで、たとえば昼どきに出す簡単な桜宿膳でも、私などの年配のものには腹がみちたりてしまうほどだ。

このように書きのべてくると、いたずらに古いものをなつかしみ、それを追いもとめているようにおもわれようが、それでは、新しいものは何かというと、それは、だれもが知りつくしている味気ないものなのである。

その味気ない新しいものしか知らぬ世代のみの時代がやって来たときは、味気もない世の中になることは必定なのであって、そうした世の中に慣れきった人びとは、味気なさをも感じることなく、さらにまた、新しい時代を迎えることになるのだ。

そのころは、むろん、私どもは生きていない。

また、いまの私が書いている〔時代小説〕のようなものも、ほろび絶えているやも知れぬ。

私は、それを嘆いているのでもなく、また古いものへ、

「しがみつこうとしている……」

のでもない。

ただ、古いものの味わいが衣食住に残っているうちは、

「これを味わいたい」

と、考えているだけのことだ。

だが、これだけはいっておこう。

新しい新しいといっても、究極の新しいものというものは何一つないのだ。

新しいものは、古いものからのみ生み出されるのである。

科学と機械の文化・文明のみが、いかに新しくなっても、食べて飲んで眠って、しかも排泄《はいせつ》をするという人間の生理機能は、古代からいささかも変っていないのだ。

この、わかりきっている一事を世界の人間たちが再認識せざるを得ない時代がやがてやって来るにちがいないと私はおもう。

そのころには、これまで私が書きのべて来た店々は、打ち絶えることがないにしても、おそらく、客へ出す料理そのものが変貌《へんぼう》しているだろう。

いずれにせよ、変貌せざるを得ないからである。

さらに何十年か後の、そのとき、もしも、これまでに紹介された店々の料理の美しいカラー写真の一巻が何処《どこ》かに残っていて、それを見た人びとは、何とおもうだろうか……。

そのとき、いま、私たちが生きている時代は、古い古いむかしとなっていることだけはたしかなことだ。

フランスへ行ったとき

今年の六月に、パリを中心にした取材旅行でフランスへ出かけたが、

「何か、うまいものを食べて来よう」

という気もちは、はじめから捨てていた。

私は、旅行の目的以外のことに、なるべく神経をつかわぬようにしている。たとえば講演旅行に出たときなども、講演するだけで精一杯になってしまい、ついでに何を見ようとか、何処《どこ》へ行こうとかいうことはしないほうだ。

今度の取材は〔フランス映画〕について随筆ふうの小冊を書きおろすためだったから、食べ歩きに費やす時間を惜しむことになる。

パリへ着いた夜。パリ在住の写真家・吉田大朋に連れて行かれたのが、モンパルナスのカフェ・レストラン〔クーポール〕だった。

この店は、七十余年前の開店で、よき時代のパリの呼吸の中に生きて来た店だ。ヴラマンクやドランや藤田嗣治やキスリング、ピカソなどの画家たちから、サルトルや

ボーヴォワールも常連だった店で、いまも、さまざまなパリジャンたちを見ることができる。

天井が高く、ひろびろとした店内の赤く塗りあげた柱と、その柱の上部に、この店の常連だった画家たちが描いた絵が、まだいくらかは残っている。夜半近くなって混雑する店内の雰囲気《ふんいき》は何ともいえずに親しみぶかい。

オレンジ色の明るい灯の中を、多勢の白服の給仕《ガルソン》が立ちはたらき、これを、黒いスーツを着た監督《ジェラン》が見まもっている。彼らの顔、彼らの仕ぐさ、彼らの接待ぶりは、いかにもドラマチックで、灰汁《あく》ぬけている。客との小さなトラブルが起ると給仕が監督のところへやって来る。監督はもっともらしくうなずいて出て行き、たちまちに物なれたさばき方で解決してしまう。そんな光景が、映画を見ているようにたのしい。

はじめての夜。私が食べたものは、フレッシュ・アスパラガスと、舌平目のアメリカンソース。パンに、フランボアーズのスフレ。エスプレッソだった。

つぎに行ったときは、胡瓜《きゆうり》のサラダ（その大きいこと）に生ハム。フライドポテトにパンだった。昼間に少し食べすぎたので軽いものにしたのだ。

〔クーポール〕の料理のスタイルは、すこしも気取ったところがなく、それでいて独自のものがある。たとえば、むかし、上野の不忍池《しのばずのいけ》のほとりにあって、東京の人たちに親しまれた料理屋〔揚出《あげだ》し〕のような風格があって、私は好きだった。若いころに給仕をしていた男が、いまは四十をこえて監督に昇進しているという、そうした店なのである。

物価高のフランスも、食物だけは安価で、しかも、たっぷりとしている。

ノルマンディの村の、小さなホテル兼レストランで昼飯を食べたとき、私は野菜のサラダに羊のロースト、レモンの氷菓などを食べ、他の人たちもそれぞれに、たっぷりと飲んで食べて、たしか四人の合計が一万円ほどだったのではないか。味もよく、いかにも小ぎれいに盛りつけてあり、フライドポテトなどは、大形《おおぎょう》にいうなら一抱えもあるほど揚げたてのを出してくれる。

そういうわけで、私は一度も日本食を食べたいとはおもわなかったが、一、二度、パレ・ロワイヤル近くの中華料理〔福禄寿〕へ行ったとき、同行のTの炒飯《チャーハン》をすこし口にした。この店の料理は、いかにもフランス人が好むような味つけでもあり、スタイルでもあって、小さな白い碗《カップ》のワンタン・スープや、鴨《かも》の炭火焼や、冷めたいモヤシの前菜、揚げやきそばなど、いずれもうまかった。

量も少なく、これなら一人で行っても三、四品は食べられるだろう。

モンパルナスの〔ラ・クロズリ・デ・リラ〕には、むかし、ヘミングウェイやカルコ、ヘンリー・ミラー、ジイドなどが常客だったとかで、そのネームが常席に貼《は》りつけてある。

ここでは、ビールに鶏の冷製とサラダで軽い昼飯をすませたが、きちんとスーツを着た男が入って来て、客が食べ残したものを、悠然とビニールの袋へ入れて出て行くのがおもしろかった。彼らは、こうして諸方のカフェからあつめた食物を公園の木蔭《こかげ》に運び、前菜からはじまってデザートまで、一応のコースをととのえて食べるらしい。

フランスの乞食《おこも》さんは〔本物〕であるとおもった。

リヨン市へ取材に行ったときは、着いたその夜に市街を出はずれたソーヌ川沿いの〔メール・ギイ〕というレストランへ出かけた。

この店は、同行のTが東京で聞いてきた。舌平目のムニエルがよいというので、私はそれにきめていた。

川沿いの道から、深い木立の前庭へ踏みこむと、咲きみだれている花の香りが馥郁《ふくいく》とただよっている。白いスーツの店の男が出迎えてくれて、白い館《やかた》の中へ私たちをみちびいた。

むかしは、だれかの居館だったのを、レストランに改築したのではあるまいか。何ともいえぬ落ちついた雰囲気で、行きずりに訪れた異国の客にも、行きとどいた親切なもてなしをする。

将棋の駒《こま》ほどの小さなパイへ、にんにくバターに香味をふりかけたものが、白ワインと共に出た。つぎに、店のジェランがすすめてくれたメロン。中をくりぬいて冷えたポートワインを注いであった。それから舌平目になるのだが、その魚の身のさばき方と盛りつけの上品な美しさ。こんがりとした程よい焼けぐあい。ほんとうによかった。デザートは大きなワゴンの上から好みの物をもらう。レモン・パイに木苺《きいちご》の氷菓をもらった。最後にまた、軽い、デセールが出る。

帰るとき、老いた支配人が見送りに出て、私の手をにぎりしめる。こちらも両手でにぎり返すと、実に、うれしそうな顔をする。こうなれば言葉など、まったく必要がないわけだが、いきなりフランス語のメニューを見せられると、一汗も二汗もかかねばならない。フランス語を知らぬ私はのんびりと椅子《いす》にかけていればよいのだけれども、Tのほうは懸命に目を皿のようにしてメニューにかじりつく。

こういうわけで、のちにバルビゾンのホテル〔バ・ブレオー〕へ泊ったときは、Tがいきなり、フロントでメニューを借りて来た。さすがに考えたものだ。

それからTは自室へこもって、ゆっくりとメニューのすべてを翻訳したのである。これなら大丈夫だ。

「若鴨のローストがありますよ」

「よし。それにしよう」

というので、食堂へ行って注文すると、イタリア生まれのディノというジェランがTに、

「とても、いい注文だ」

と、ほめたそうな。

酒も前菜もディノがすすめてくれる。数種の新鮮な野菜を盛り合せたサラダに、芥子《からし》と酢がまじったソースをかけて食べる若鴨。デザートはコニャックの香りがする大きなスフレで、これもディノのおすすめ品だったが、甘いものが苦手のTは目を白黒させた。しかし、いざ食べてみれば溶けるがごとく腹の中へおさまってしまう。

フォンテーヌブローの宏大《こうだい》な森の外れにあるバルビゾンは、ミレーの絵画で名高い。ミレーの家もあり、この、ひなびた田舎の村も近ごろはフランスの観光地の一つになってしまい、ホテル・バ・ブレオーも天皇が立ち寄られたことを、しきりに宣伝しているということだったが、私には、そうしたいやらしさがすこしも感じられなかった。

ロビーには、信州あたりの山の宿へ入ったときのような匂《にお》いがこもっている。夜になると薪《たきぎ》が燃え、香ばしいその匂いがしみついているからだった。

私たちの客室は離れ屋ふうの一棟にあって、小さな部屋なのだが、浴室や洗面所の設備のととのっていることは、今度の旅で泊った、どのホテルよりも完璧《かんぺき》だった。

翌日はフォンテーヌブローやモレーの村へ行き、昼すぎにホテルへもどり、中庭へ生ハムとサラダとパン、それに酒をもって来させ、遅い昼飯をすませてから、私はTを残し、部屋へ入ってゆっくりと入浴し、小鳥のさえずりを聞きながら三時間ばかり昼寝をした。

ベッドのシーツや枕《まくら》カバーに、さわやかな香りがする。香料入りの洗剤をつかっているにちがいない。

夜になって食堂へ行き、生アスパラガスの冷製に、仔牛《こうし》の胸肉の煮込み。デザートは野苺にした。ディノがやって来て、昼間、私があげた日本製のマッチは、

「女房にやりました」

という。彼はバルビゾンに住んでいて、バイクで出勤するらしい。

「私は、女房に対して悪いことばかりしているが、ただ一つ、よいことをしている」

と、ディノがいう。

「それは何か？」
「それは、タバコを吸わないことです」
女房のほうは、一日に五十本を吸うのだといって、ディノは顔をしかめて見せた。

マルセイユからニースへ出る途中、サン・トロペへ寄って昼食をしたが、この有名な夏の観光地もシーズンへ入る直前で、海浜通りに沿って無数にならぶレストランの一つへ入り、帆立貝や鯛《たい》の塩焼を食べた。小枝をあしらって焼きあげた鯛一尾をみんなで食べ、あとレモンの氷菓にした。

パリを出るときは小雨が降っていて、まるで秋のように肌寒かったものだが、夜行列車の朝が来てマルセイユへ着くと、その太陽の輝きは、まるで他国へ来たようにおもわれた。同じフランスだとはおもえぬほどの明るさで、紺碧《こんぺき》の空の色がそのまま海に映っている。

北のノルマンディへ行ったときは、建物も風景も、住む人びとも、ドイツやオランダを想《おも》わせたが、南フランスへ来ると、ギリシアやイタリアの風光となる。

小さな島国の日本も北から南へ移り変る風光が変化に富んでいるが、フランスも多彩だ。

フランスの田舎へ行くと、

「なに、パリだって。パリはフランスじゃない。別の国だよ」

という人もいるそうな。

ニースでは、旧港のレストラン〔アーン・ルージュ〕でエビを食べた。

半月の滞在中、日本の食事をほしいともおもわなかったが、毎食、腹八分目というが七分目ほどにしていたので、食欲がおとろえなかった所為《せい》もある。これが食べ歩きの旅というのなら、おもいきって食べもしたろうが、仕事で来ている旅行中に腹でもこわしたら大変だとおもい、どこまでも腹七分目を通したのは、私もやはり年をとったのだろう。

肉なら肉、魚なら魚に決めたら、あとは前菜とデザートだけで、もう充分だった。フランスでは、どこへ行っても、つけ合せの野菜などがたっぷりと出る。

パリにいるときは、フランス人が行くカフェなりレストランで、ふつうのものを食べていたのだが、たとえばサン・マルタン運河のほとりにある小さなカフェ・レストラン〔回転橋〕で食べた仔牛のエスカロップやスパゲティは、アラブふうの味つけで、あまりうまいとはおもわなかったが、一所懸命に料理をしている店のおかみさんが親切だったし、給仕も人なつこく、こういう店はいつまでも印象に残る。

おかみさんもアラブ人らしかった。

ダビの小説や映画で知られた〔北ホテル〕のとなりに、このレストランはあった。食事をしている間に、船が二度も運河の水門を通りぬけて行った。フランスに住んでいる人も、なかなか船が通るところを見られないものだという。

「お客さんは、運がいい」

と、給仕が笑った。

それと、旧中央市場の前にある居酒屋〔B・O・F〕もよかった。

この店には、以前、シムノンがよくやって来たそうで、老亭主のセトル・ジャンと仲よしになり、亭主の顔を自分の本の表紙につかったりした。

「これがそうですよ」

と、セトル・ジャンが誇らしげに、その本を出して見せた。

おかみさんは肥《ふと》った六十がらみの無口なひとで、老夫婦二人だけでやっている店なのだが、あらわれる常連たちの顔がみんないい。ここへ来ると、まるでフランス映画の中に自分がいるようだった。

この店へは三度も行った。

先ず、上等のペルノーをのみ、それからモーゴンの地酒（赤というよりは、むしろ茶色に近い）でパンとチーズ。食べるものはパンとチーズだけなのだが、二度目に行ったときは、テーブルに十人ほどの皿やナイフがセットされていた。

予約なのだ。やがて若いグループがやって来て、ワインとパンとチーズだけのパーティが、静かにはじまったのである。

　旧中央市場は、東京の築地《つきじ》の魚河岸《うおがし》と神田の青果市場をいっしょにしたような、パリの大市場だったが、いまは郊外へ移転させられ、取り壊されたあとの広場に〔文化センター〕が設けられるのだという。

　しかし、以前の町の面影は、この〔B・O・F〕のような居酒屋にも残っているし、近辺にも、夜通しで店を開けていたようなカフェやレストランがいまもある。

　その中の〔ピエ・ド・コション〕という店の名物は豚の足の揚げたものだそうで、

「では、そいつをもらおう」

と、食べてみたが、これはどうも私の口には合わなかった。骨つきの豚の足と皮と骨との間のゼラチン状のニチャニチャしたところが、きっとうまいのだろう。

　そのとなりのレストランへ行ったときは、まだ明るいうちで、ジェランが客とトランプに夢中になっていて、私の舌平目を料理場へ通すのを忘れてしまった。

「まだかい？」

と、身ぶりでしめしたら、

「とんでもないことをしてしまった」

と、肩をすくめ、トランプの客に何かいって、奥へ飛んで行った。

いっしょにいたフランス語ができる友人に尋《き》くと、監督は客に、

「お前さんのおかげで、ジャポネが痩《や》せてしまったらどうする」

と、いったらしい。

舌平目は、すぐに運ばれてきた。

半月目に東京へ帰った夜、食べたものは、マグロと赤貝の刺身、白瓜《しろうり》と茄子《なす》の漬物。実を入れぬ濃目《こいめ》の味噌汁《みそしる》だった。これもまた、悪くない。


（文中の敬称は略させていただきました）

あとがき

人間は、他の動物と同様に、

「食べなくては、生きて行けない……」

ようにできている。

私どもが食物に対して、なみなみならぬ関心をしめさざるを得ないのは当然だろう。

〔散歩のとき何か食べたくなって〕は、雑誌〔太陽〕に連載したものだが、いま、読み返してみると、これまでの私の人生というものが、いかに、さまざまな店と関《かか》わり合って過ぎてきたかがわかる。

私が知っていて、すでに廃業してしまった店は、この本に書いた店の三倍にも四倍にもなるのではないか……。

現代人の食生活は、複雑で予断をゆるさぬ時代の変転につれて、刻々と変りつつある。

そうした意味で、この後二十年もたてば、この本は小さな資料になるかも知れない。食べることについての仕事だけに、むろん、たのしくないことはなかったが、また一つには、私どもの食生活の将来について、一種の怖《おそ》れを抱いたことも事実だった。

昭和52年秋の或《あ》る日に

このたび、この一巻が文庫版として刊行されることになったが、私は、あえて、再取材をおこなわなかった。引きつづいて通っている店もあれば、ずっと足が遠退《とおの》いている店もある。

この四、五年間に、世の中は、じりじりと変ってきていて、その変化は当然、各種の職業に影響をおよぼしつつある。

時代が変れば人の心も変る。人の心が変れば、店の経営も味も変ってゆく。これは仕方もないことなのだ。

おもって見れば、五年前は、いまにくらべると、まだまだ「よい時代」だったのかも知れない。

昭和56年初秋

池波正太郎

解　説

佐藤隆介

池波正太郎といえば、だれでもすぐ〔鬼平犯科帳《おにへいはんかちょう》〕や〔剣客商売〕あるいは〔仕掛《しかけ》人藤枝梅安《にんふじえだばいあん》〕などの連作を思い浮かべる。

映画好きなら、無類のシネマディクト（映画狂）としての池波正太郎と、古今東西の映画を縦横に料理した数々のエッセイ集を思い浮かべる。

だが、さらにもう一つ別のタイプの池波正太郎ファンが存在する。「食べる」ということに強い関心を持ち、〔食卓の情景〕をさながらバイブルのごとく折りあるごとに読み返し、読むたびに舌なめずりをし、よだれを垂らさんばかりの表情で、

（もう、たまらない……）

などと独言《ひとりごと》をいう人びとである。

むろん、私もそういう仲間の一人で、〔食卓の情景〕を一体何度読んだかわからな

い。

本書は、その主題からいって、名著〈食卓の情景〉の続篇といってもよいだろう。即《すなわ》ち池波正太郎がわれわれのような食いしん坊にようやく与えた二冊目のバイブルである。

著者自身の、ちかごろとみに磨きがかかってきた装幀《そうてい》・装画による、こんなに洒落《しゃれ》たエッセイ集に対して、バイブルなどという呼びかたはいかにも芸がなさ過ぎる……と、私自身思う。しかし、少なくとも私にとって、これはやはり、

「人間、いかに生きるべきか……」

を考えさせ、貴重な示唆《しさ》を与えてくれる人生の手引き書である。

〈散歩のとき何か食べたくなって〉という軽妙洒脱《しゃだつ》な題名にもかかわらず、この一書の底に沈んでいるものはずしりと重い。文体はあくまでもさりげなく、水の流れるように淡々としているが、だからといって軽々しく読み流してもらいたくはないと私は思うのだ。

これは、いわゆる食味ガイドブックでもなければ名店案内でもない。近年、ブームの観があるその類《たぐ》いのハウツーものとはまったく違う。本書に「名店食べある記」的なことのみを求めるのは、私にいわせれば、とんだお門違《かどちが》いというものである。

ここに綴《つづ》られているのは、かつて人びとの暮らしの中にあれほど深く根づいていながら、激しい時代の流れの中でいつしか消滅しつつあるものの、ありし日の姿である。

たとえば、「持続」という美徳。

たとえば、商人道。

たとえば、職人気質《かたぎ》。

本書の中に取り上げられているさまざまの店が、現在もそのまま、少しも変わることなく続いているという保証はどこにもない。すでになくなった店もあるかも知れないし、場所も構えも同じであっても、代が変わり、その味や雰囲気《ふんいき》にかつての面影はまるでないという場合もあるだろう。

〔散歩のとき何か食べたくなって〕を読んで、矢も楯《たて》もたまらなくなり、さっそく自分もその店を探して出かけて行く……という読者は少なくあるまい。だからこそ私は念を押していうのだが、せっかく大きな期待を抱いて店を訪れ、あえなく裏切られて帰ってきたとしても、それは本書とは何の関係もないことである。

いうまでもなく、したたかに昔ながらの流儀を守りぬき、池波正太郎を魅了した、「なんとも、こたえられない……」

味と気分のよさが、そのまま残っている店も一、二にとどまらない。

池波正太郎自身は、愛着をこめてそれぞれの店を語りながら、しかも的確に、やがては変質して行くに違いない時代の必然を指摘している。

「科学と機械の文化・文明のみが、いかに新しくなっても、食べて飲んで眠って、しかも排泄《はいせつ》をするという人間の生理機能は、古代からいささかも変っていないのだ。

この、わかりきっている一事を世界の人間たちが再認識せざるを得ない時代がやがてやって来るにちがいないと私はおもう。

そのころには、これまで私が書きのべて来た店々は、打ち絶えることがないにしても、おそらく、客へ出す料理そのものが変貌《へんぼう》しているだろう。

いずれにせよ、変貌せざるを得ないからである。

さらに何十年か後の、そのとき、もしも、これまでに紹介された店々の料理の美しいカラー写真の一巻が何処《どこ》かに残っていて、それを見た人びとは、何とおもうだろうか……。」

という本文中の一節を、私たちは安易に読み飛ばしてはならないと思う。池波正太郎は、

「さらに何十年か後の、そのとき」

と、書いた。しかし、本書が初めて「太陽」に連載されたときから、まだわずか数

年しか経《た》っていないのに、早くも「何十年か後の、そのとき」に至ってしまっているのではないか。そう思うのは私一人だろうか。

昨今の食べもの屋の隆盛ぶりは異常なほどである。盛り場でなくても、ありとあらゆるところに、毎日のように新しい店が生まれてい、どの店もそれなりに繁昌《はんじょう》しているように見える。いつ、どこにいても、食べることに困ることは先《ま》ずない。

こういう今日の様相を、天下太平のしるし、飲食文化の絶頂期と喜ぶ人もいるだろう。だが、私はかえって不安になる。生来、飲み食いに最大の関心を持ち、

「食べるために生きるな。生きるために食べよ」

などという教訓にはわけもなく反撥《はんぱつ》したくなる天邪鬼《あまのじゃく》だが、どう考えても手放しで浮かれてはいられないという気がするのである。

年々、人件費が高くなり、原材料が上がり、地代が高騰《こうとう》している。当然、食べものの値段も上がるのはやむを得ない。それにしても法外な値段で、素人《しろうと》料理よりひどいものを、もっともらしく飾り立てて供する店が何と多いことか。

仕事の関係もあってよく京都へ行くが、いまや観光客目当ての「何とか弁当」なるものが全盛をきわめている。多くは、はっきりいって駅弁に毛の生えた程度のものだ。腹を立てて、うまいものを食うにはそれだけの金を払わなければ無理だと自分にいい

聞かせ、古くからの名の通った店へ行くと、ここでもまた裏切られる。いっそ錦《にしき》小路で小鰺《こあじ》の開きか鰯《いわし》の丸干しを買い、新幹線で飛んで帰って、うちで茶漬けをやるほうがよっぽど腹が立たない。

こういう状況が飲食文化の絶頂期であるはずがない。〔食卓の情景〕をまたまた読み返し、〔散歩のとき何か食べたくなって〕をまたまた読み返しするうちに、私は愕《がく》然《ぜん》とする。淡々とした筆で池波正太郎が書きのべているものは、すでに失われてしまった時代への挽歌《ばんか》に他《ほか》ならない……と、いまさらのように気付くからだ。本書の中に描かれている世界は、もはや永久に私たちのものではあり得ない。あまりにも哀《かな》しいことである。しかし、それは厳然たる事実である。

結局、私は、〔散歩のとき何か食べたくなって〕という一冊を、池波正太郎の数々の小説と同じように読むことになる。ここに登場する店々や人間たちは、いずれも実在の店であり人である。だが、描かれているものは、あくまでも、

「池波正太郎の世界」

なのだ。

だからこそ、それらは美しく、さわやかである。生き生きとしており、感動的である。登場人物に共感し、出来ることならば行って肩をたたき、握手を求めたいような

気持ちになる。それはたとえば【剣客商売】の一篇を読んで【鬼熊茶屋】を訪ねたくなったり、あるいは〔鬼平犯科帳〕を読んで軍鶏《しゃも》屋の〔五鉄〕へ行きたくなったりするのと同じ気持ちである。

秋山小兵衛《こへえ》や長谷川《はせがわ》平蔵が愛した店々を私たちが訪ねることは現実には不可能である。それでも池波正太郎狂にとっては、その雰囲気にひたり、その味を楽しみ、いい気分になるのに何の妨げもない。読むことによってすべての満足が得られるからである。

〔散歩のとき何か食べたくなって〕に描かれている店は、だれでも行くことができる。私のようなものでもそれらのいくつかに足を運び、すっかり気に入って通っている店もある。

だが、私が決して足を踏み入れない店も中にはある。その店の前を何度も通り、そのたびに今度こそ入ってみようと思いながら、どうしても入れない店がある。それは、池波正太郎によって描かれた店のイメージがあまりにも鮮かであるために、それを壊したり傷つけたりするのが恐ろしいからである。こうなるともはや私の「池波正太郎狂」ぶりは、文字通り病的ということになるだろうか。

私はこれからも〔散歩のとき何か食べたくなって〕を何十回も読むだろう。そうして、読むたびにためいきをつき、よだれを流し、舌なめずりをするだろう。それだけで私は満足なのである。

こういう読みかたもあっていいと私は勝手に思っているわけだが、読者はどのようにお考えであろうか……。

（昭和五十六年九月、エッセイスト）

煉瓦亭　158, 159
東京都中央区銀座3-5-16　tel.03-3561-7258
11：15〜15：00（14：15　ラストオーダー）／16：40〜21：00（20：30　ラストオーダー）　日曜定休
蓮玉庵　73, 74
ロオジエ　10

は通し）木曜定休
みのや　83
宮鍵　201, 202
名古屋市中村区名駅南１-２-13　tel.052-541-0760
11：30〜14：00／17：00〜21：00　土曜定休
村上開新堂　101, 103
京都市中京区寺町二条上ル　tel.075-231-1058
10：00〜18：00　日・祭日・第３月曜定休
ムルギー　131
明治軒　167
夫婦善哉　88
メトロ　91
メール・ギイ　221
モナミ　152

や

弥ぐるま　167, 168
藪（神田）　38, 43, 45, 76, 77
藪（上田市）　170
由良之助　146, 147
京都市東山区祇園花見小路四条下ル　tel.075-541-5371
11：30〜15：00／16：30〜21：00　不定休
ヨシカミ　177

ら

楽々園　121
ラ・クロズリ・デ・リラ　221

船津屋　196
ベンガル　170
ぼたん　38, 44
ホテル・オークラ　171
ホテル・ニュー・グランド　110
香港園　133

ま

前川　174
松風　177
松鮨　48, 51, 53, 54, 56, 57
京都市中京区蛸薬師通柳馬場西入ル　tel.075-221-2946
13：30～19：00　木曜定休
松邑　37
まつや　45
丸治　83
まるも　164
長野県松本市中央3-3-10　tel.0263-33-3586
8：00～19：00（夏期・20：00迄）　無休（元旦休）
万養軒　97
三河屋　164
三嶋亭　98, 99
京都市中京区寺町三条角　tel.075-221-0840
11：30～22：00　水曜定休（水曜祭日の場合営業）
みの家　190, 192
東京都江東区森下2-19-9　tel.03-3631-8298
12：00～21：00（平日は14：00～16：00休憩，土・日・祭日

根岸家　115

は

博雅　113
橋善　31
八景亭　121
花ぶさ　61, 62, 64, 65, 66, 68
東京都千代田区外神田 6 -15- 5　te1.03-3832-5387
12：00～15：00／17：00～22：00　日・祭日定休
バ・ブレオー　222, 223
浜町藪そば　76, 77
東京都中央区日本橋浜町 2 - 5 - 3　tel.03-3664-7326
11：30～19：00　日曜定休，第 4 土曜休
はやし　25～27, 29, 31, 32
東京都中央区日本橋室町 1 -12　tel.03-3241-5367
11：30～14：00／17：00～21：00　要予約　日・祭日定休
パリ　113
ピエ・ド・コション　228
B・O・F　227, 228
百老亭　197, 206
名古屋市中区大須 2 -13-13　te1.052-231-5556
17：00～翌 0 ：00（土・日・祭日14：00～翌 0 ：00）　水曜定休，第 3 火曜休
平野屋　212～214
京都市右京区奥嵯峨鳥居本仙翁町　tel.075-861-0359
11：30～21：00　無休
風月堂（玉だれ杏）　166
福禄寿　220

蛸長　143, 145, 147
京都市東山区宮川筋一丁目　tel.075-525-0170
18：00〜22：00　水曜定休
但馬軒　170
多助　143〜145, 147
天金　31
天國　152, 153, 158
天藤　180
峠　177
徳記　115
横浜市中区山下町166　tel.045-681-3936
11：30〜14：00／17：00〜20：00　水曜定休
友恵堂　90, 91
とんき　133〜136
東京都目黒区下目黒1-1-2　tel.03-3491-9928
16：00〜22：50　火曜定休，第3月曜休

な

長崎　131, 132
中砂　76
中清　31, 174
名古屋観光ホテル　202
並木藪蕎麦　73〜75, 77〜79, 174
東京都台東区雷門2-11-9　tel.03-3841-1340
11：30〜19：30　木曜定休
錦　214
京都市右京区嵐山中ノ島公園内　tel.075-871-8888
11：00〜21：00（ラストオーダー　19：30）　火曜定休

た

大市　208, 212

京都市上京区下長者町通千本西入ル　tel.075-461-1775

12：00～13：00（迄入店）／17：00～19：00（迄入店）　要予約　火曜定休（7月末～2週間夏期休）

大黒　82, 83

大阪市中央区道頓堀2-2-7　tel.06-211-1101

11：30～15：00／17：00～20：00　日・月・祭日定休

大甚（本店）　200

名古屋市中区栄1-5-6　tel.052-231-1909

16：00～21：00　日・祭日定休

大宝ホテル　81, 85, 90, 91

鯛めし楼　204

大文字屋（旅館）　157

たい家　204

名古屋市中区錦2-17-102　tel.052-231-0568

11：30～14：00／17：00～21：30　日・祭日定休

宝亭　41

竹うち　113

竹乃家　164, 165

竹むら　35, 37, 38, 44

東京都千代田区神田須田町1-19　tel.03-3251-2328

11：00～20：00　日・祭日定休

たこ梅　86

蛸松月　181

五明館　165, 166
金亀　120

さ

さの半　81
サンボア　95, 97, 98
京都市中京区寺町三条下ル　tel.075-221-2811
17：00〜24：00　木曜定休
サンライズ　82, 83, 89
資生堂（パーラー）　9〜12, 14, 16〜20, 53, 152, 158
東京都中央区銀座8-8-3　tel.03-3572-2121
11：30〜21：30　第1・第3月曜定休
清水　193
重亭　86, 87
大阪市中央区難波3-1-30　tel.06-643-6429
11：30〜20：30　火曜定休
松栄亭　39〜41, 43, 66
東京都千代田区神田淡路町2-8　tel.03-3251-5511
11：00〜14：30／16：30〜19：30　日・祭日定休
招福楼　121, 123〜127
滋賀県八日市市本町8-11　tel.0748-22-0003
要予約　第1・第3・第5月曜定休
寿司幸　153
東京都中央区銀座6-3-8　tel.03-3571-1968
11：30〜21：45　年中無休
寿司長　38, 44
スペリオ　111〜113, 115

東京都台東区上野１-10-10　tel.03-3831-6195　水曜定休
エスポワール　78, 79

か

回転橋　226
かざりや　210
京都市北区紫野今宮町96　tel.075-491-9402
10：00～17：00すぎ　水曜定休（水曜祭日のとき木曜休日）
刀屋　168～170
長野県上田市中央２-13-23　tel.0268-22-2948
11：00～18：00　日曜定休
金田　174
蒲郡ホテル　196
鎌鮨　180, 181
菊鮨　153, 156
東京都中央区銀座７-８-９（加藤ビル地階）tel.03-3571-4439
18：00～22：00　土・日・祭日定休
樹の枝　85～87
清富　198, 200
清中　64
金鮨　175～177
東京都台東区浅草１-４-11　tel.03-3841-9272
11：30～23：00　月曜定休
銀扇寮　165
クーポール　218, 219
小島　120
駒形どぜう　188

店　名　索　引

あ

揚出し　220
アラ！　159
荒井屋　113
アラスカ（渋谷）　131
アンヂェラス　177
東京都台東区浅草１-17-６　tel.03-3841-2208
10：00〜22：00　月曜定休
アーン・ルージュ　226
味の店石川　202, 203
名古屋市中区新栄１-６-７　tel.052-262-6838
11：00〜22：00　水曜定休
伊せ喜　188〜190, 193
東京都江東区高橋２-５　tel.03-3633-0005
11：30〜20：30　月曜定休
いせ源　38
一力　146
いち和（一文字屋和輔）　210
京都市北区紫野今宮町69　tel.075-492-6852
10：00〜18：00　水曜定休（水曜祭日のとき木曜休日）
一茶庵（かしわや）　166
一茶庵（そば）　138
イノダ・コーヒ　95, 98
うさぎや　61, 68, 69

この作品は昭和五十二年十二月平凡社より刊行された。

池波正太郎著 **食卓の情景**

鮨をにぎるあるじの眼の輝き、どんどん焼屋に弟子入りしようとした少年時代の想い出など、食べ物に託して人生観を語るエッセイ。

池波正太郎著 **むかしの味**

人生の折々に出会った〔忘れられない味〕。それを今も伝える店を改めて全国に訪ね、初めて食べた時の感動を語り、心づかいを讃える。

池波正太郎著 **まんぞくまんぞく**

十六歳の時、浪人者に犯されそうになり家来を殺されて、敵討ちを誓った女剣士の心の成長の様を、絶妙の筋立てで描く長編時代小説。

池波正太郎著 **日曜日の万年筆**

時代小説の名作を生み続けた著者が、さりげない話題の中に自己を語り、人の世を語る。手練の切れ味をみせる〝とっておきの51話〟。

池波正太郎著 **男の作法**

これだけ知っていれば、どこに出ても恥ずかしくない！　てんぷらの食べ方からネクタイの選び方まで、〝男をみがく〟ための常識百科。

池波正太郎著 **男の系譜**

戦国・江戸・幕末維新を代表する十六人の武士をとりあげ、現代日本人と対比させながらその生き方を際立たせた語り下ろしの雄編。

新潮文庫最新刊

中村　弦著
天使の歩廊
―ある建築家をめぐる物語―
日本ファンタジーノベル大賞受賞

その建築家がつくる建物は、人を幻惑する――日本初！　超絶建築ファンタジー出現。選考委員絶賛。「画期的な挑戦に拍手！」

久保寺健彦著
ブラック・ジャック・キッド
日本ファンタジーノベル大賞優秀賞受賞

俺の夢はあの国民的裏ヒーロー、ブラック・ジャック――独特のユーモアと素直な文体で、いつかの童心が蘇る、青春小説の傑作！

堀川アサコ著
たましくる
―イタコ千歳のあやかし事件帖―

昭和6年の青森を舞台に、美しいイタコ千歳と、霊の声が聞えてしまう幸代のコンビが事件に挑む、傑作オカルティック・ミステリ。

新潮社ファンタジーセラー編集部編
Fantasy Seller

河童、雷神、四畳半王国、不可思議なバス……。実力派8人が描く、濃密かつ完璧なファンタジー世界。傑作アンソロジー。

池波正太郎著
青春忘れもの

芝居や美食を楽しんだ早熟な十代から、海兵団での戦争体験、やがて作家への道を歩み始めるまで。自らがつづる貴重な青春回想録。

寮　美千子編
空が青いから白をえらんだのです
―奈良少年刑務所詩集―

彼らは一度も耕されたことのない荒地だった。葛藤と悔恨、希望と祈り――魔法のように受刑者の心を変えた奇跡のような詩集！

散《さん》歩《ぽ》のとき何《なに》か食《た》べたくなって

新潮文庫　い - 16 - 10

昭和五十六年十月二十五日　発行
平成十五年四月十五日　三十九刷改版
平成二十三年五月二十五日　五十三刷

著者　池《いけ》波《なみ》正《しょう》太《た》郎《ろう》
発行者　佐藤隆信
発行所　株式会社新潮社

郵便番号　一六二―八七一一
東京都新宿区矢来町七一
電話　編集部(〇三)三二六六―五四四〇
読者係(〇三)三二六六―五一一一
http://www.shinchosha.co.jp

価格はカバーに表示してあります。

乱丁・落丁本は、ご面倒ですが小社読者係宛ご送付ください。送料小社負担にてお取替えいたします。

印刷・錦明印刷株式会社　製本・錦明印刷株式会社

ISBN978-4-10-115610-1 C0195